Dumitru Novac

Viaggio in prima classe

Youcanprint Self-Publishing

Titolo | Viaggio in prima classe
Autore | Dumitru Novac

ISBN | 978-88-91185-93-8

Youcanprint Self-Publishing
Via Roma, 73 – 73039 Tricase (LE) – Italy
www.youcanprint.it
info@youcanprint.it
Facebook: facebook.com/youcanprint.it
Twitter: twitter.com/youcanprintit

Indice

La vita è un viaggio di sola andata, partiamo tutti dalla stessa stazione e arriviamo alla medesima destinazione, che è una soltanto, alcuni prendendo un treno espresso che va veloce, altri invece il diretto, che lentamente si muove. C'è chi sceglie la prima classe, chi la seconda e poi ci sono quelli come me, che viaggiano in un treno merci, che oltre a essere sporco e triste, si ferma in tutte le stazioni più dimenticate.

Caro lettore, lo scopo del libro che ti accingi a leggere è quello di condurti nel mondo dei miei pensieri, farti scoprire posti che ti sono ancora estranei, vivendo le mie stesse emozioni, per poi riportarti indietro, soltanto quando arriverai all'ultima pagina. Spero che il libro, dopo averlo letto, trovi un posto nella tua biblioteca e la storia, un angolino nel tuo cuore.

Introduzione

In un caldissimo giorno d'estate, dopo aver parcheggiato la macchina sotto l'ombra del Colosseo, per evitare il calore del sole quasi insopportabile, decisi di non fare la solita strada per raggiungere il lavoro, bensì di attraversare il parco "Colle Oppio" approfittando dell'ombra invitante degli alberi. Erano vent'anni che non passavo più da lì. Dopo solo un minuto, o forse meno, ovunque i miei occhi posassero lo sguardo, la mia mente fu invasa dai ricordi, rivivendo in quell'attimo le stesse emozioni di vent'anni prima. Arrivai al lavoro e raccontai ai miei colleghi, brevemente, il percorso della mia vita a Roma. Rimasero sorpresi, uno dei essi, che proprio in quel periodo stava scrivendo il suo primo libro, mi chiese:
"Hai mai pensato di scrivere un libro?"
"No!"
Gli risposi, non avrei neanche il tempo di farlo, tra due lavori, famiglia e la pittura, sarebbe impossibile". Pensai dunque, comunque entusiasta della proposta del mio collega, di raccontare la mia storia a qualcuno che la scrivesse per me, ma non sarebbe stato in grado comunque di descrivere i sentimenti che ho provato in alcuni momenti importanti della mia vita, come per esempio quando per sei mesi condussi una vita da barbone, quando mi sposai, quando nacque mia figlia e quando è scoppiato il desiderio di dipingere.
Come può un estraneo raccontare le emozioni che si provano nel dormire dentro le macchine dello

sfasciacarrozze, o ciò che si prova disegnando, dando vita ai volti umani, senza averle vissute in prima persona? Sposarsi o avere dei figli sono eventi comuni, ma vivere per strada, anche per un breve periodo, o scoprire e sviluppare il proprio lato creativo, non capita a tutti. Molti di noi hanno un talento, ma spesso non lo scoprono, limitandosi a rimpiangere il fatto di non averlo.

Da piccolo non ero capace di disegnare nemmeno un albero o una casa, insomma, le cose più semplici, ma a 35 anni mentre cercavo, per far passare il tempo, di riprodurre un ritratto da una rivista, seduto su un pezzo di marmo vicino alla colonna di Traiano, un gruppo di studenti tedeschi, avvicinatosi a me, si mostrò entusiasta del mio scarabocchio. Aggirandosi attorno a me, mi tolsero la luce, alzai la testa, e imbarazzato dall'attenzione inaspettata, chiusi la rivista e andai via, paonazzo in volto. Mi chiesi a lungo se meritavo veramente quell'attenzione. Nel dubbio però, cercai di tirar fuori sempre più il mio lato creativo. Il disegno e la pittura hanno un linguaggio muto, scrivere un libro invece richiede una conoscenza specifica della lingua, e l'italiano non è la mia lingua madre. Nonostante questo limite, ho provato a narrare io stesso la mia storia, che in parte, rispecchia la vita di tanti emigranti.

Capitolo 1
Bucarest. Partenza verso Roma

Era il 24 Luglio del 1994, Bucarest una città romantica, trasformata da Ceausescu in quartieri moderni con palazzi enormi, non si era ancora ripresa dalle sparatorie del 1989, quando cadde il regime comunista. Si sentiva ancora nell'aria l'odore della polvere da sparo e l'eco dei pianti per i giovani morti durante la rivoluzione. Anche l'acqua del fiume Dambovita, che attraversa la città nel suo cuore, proprio dove fu ferita profondamente dagli scontri tra l'esercito e il popolo, sembrava scorrere più velocemente, in silenzio per non farsi notare, quasi con la voglia di emigrare nei paesi più tranquilli, o disperdersi nel mare.

Su alcuni palazzi erano rimaste le tracce dei proiettili, che venivano ignorate dalla maggior parte dei passanti, per altri invece, rappresentavano il triste ricordo del luogo in cui molti dei loro amici o parenti avevano perso la vita. La gente era disorientata, si trovava davanti un mondo nuovo, senza un libretto d'istruzioni fra le mani; delusa dalle false promesse fatte dal nuovo governo, finiva col rimpiangere il vecchio regime comunista.

Sicuramente, chi ha vissuto i primi anni del comunismo aveva dei rimpianti per "l'epoca d'oro", ma a me, che ho avuto solo il peggio, non mancava affatto. Ceausescu ha tenuto tutti all'oscuro, per l'intero periodo in cui ha dominato, relativamente a quello che accadeva nel mondo, soprattutto nei paesi non comunisti. Allora infatti, in tutto il paese c'era un solo canale televisivo, a eccezione di Bucarest che ne riceveva due, ma in entrambi i casi, gli orari erano ridotti a fascia mattutina e serale. Quasi tutto lo spazio dei programmi televisivi veniva occupato dalle visite del Presidente nei paesi comunisti e dai congressi a cui partecipava. Trasmetteva la sua dottrina al popolo, anche attraverso i film, le cui trame erano sempre ispirate all'ideologia comunista. A scuola, per gli studenti, la divisa era obbligatoria così come, in quelle materne la "cravatta rossa", e alle medie la "sciarpa rossa", senza le quali non era possibile entrare in classe.

Di quel periodo mi restano alcuni ricordi, che oggi, con la mia nuova esperienza da pittore, potrei definire come pennellate di colore su un fondo scuro!

Era ancora buio in quella mattina d'autunno; prima di andare a scuola, sentii delle voci dietro casa, provenire dal cortile in cui avevamo tanti alberi con le vigne. In quei giorni ci stavamo preparando per il matrimonio del mio fratello maggiore, ma fini a oggi, non era mai successo che qualcuno fosse venuto a trovarci cosi presto. Incuriosito, andai di corsa dietro la casa per vedere quello che stava succedendo e all'improvviso mi trovai di fronte mio padre, mio fratello e altre due persone, che stavano scuoiando un vitello appena ucciso, appeso a due alberi. Silenzio totale. Erano terrorizzati dalla mia presenza, e io scioccato per la morte di quella povera bestia. Ci guardavamo dritti negli occhi, dopo alcuni secondi mio fratello mi chiese di avvicinarmi, e con la voce tremante e una finta calma mi disse:

"Non devi assolutamente parlare con nessuno di ciò che sta succedendo adesso! Chiaro? Questo vitello non è stato dichiarato al censimento degli animali, quindi stiamo commettendo un reato". Dato che io non ero in grado di rispondere, aggiunse: 'guardami negli occhi, se qualcuno venisse a conoscenza di tutto questo noi andremo in galera, quindi se parli, farai la fine del vitello!" Spalancando gli occhi più che potevo, per fargli capire di aver afferrato il messaggio, gli promisi che non ne avrei mai parlato con nessuno. Mentre mi asciugava le lacrime con la camicia piena di sangue, sorridendo mi disse: "Piccolo ometto, vai a scuola e preparati per la grande festa, farò in modo di portarti una bella fidanzatina per il mio matrimonio".

Dopo qualche settimana raccontai al mio più caro amico la storia del vitello e quando lui mi chiese: "ma dai! Davvero?" gli risposi: "Ma no! Stupido, ci sei cascato come un pesce!" In quel modo mi sbarazzai dall'enorme peso e ripresi a vivere una vita normale.

Due anni più tardi andai con mio padre a Bucarest, per far visita all'altro fratello maggiore, che frequentava l'ultimo anno di liceo. Sul treno, verso metà del viaggio, nel nostro scompartimento entrò un signore che indossava dei vestiti strappati e portava una borsa di pelle malandata, anche se sembrava una persona di condizioni modeste, ci studiava nei minimi particolari uno a uno, compreso i nostri bagagli. Non disse una parola per più di un'ora, ascoltava soltanto le nostre conversazioni, fingendo di leggere un vecchio giornale. Noi parlavamo di agricoltura, della pioggia che mancava da diversi mesi compromettendo il raccolto, e proprio durante quel discorso, lui si intromise e disse che non era il cattivo raccolto a influire sull'economia, ma solo colpa di Ceausescu che esportava tutta la ricchezza dal paese, costringendoci a vivere, con dei quantitativi ridotti, per la maggior parte dei prodotti alimentari. Chiuse il discorso offendendo il capo dello stato, mio padre mi guardò, facendomi segno con la mano di non parlare, così, come me, nessuno aveva risposto alla sua provocazione, quindi il signore dai vestiti strappati e l'apparenza dimessa, scese alla prima fermata senza salutare nessuno. Avvicinandomi a mio padre gli sussurrai all'orecchio: "Era uno di loro, vero?". Papà annuì chinando leggermente la testa. "Ne ero sicuro. Aveva la pelle del viso e le mani troppo curate per poter indossare dei vestiti simili", mio padre sorridendo mi abbracciò forte e mi fece una carezza sui capelli.

In casa si parlava spesso delle persone appartenenti al "Dipartimento di Sicurezza dello Stato"(Securitate), che si travestivano da uomini poveri e malandati indossando vestiti sporchi per nascondere la loro vera identità, istigando la gente a insultare Ceausescu e appena qualcuno li assecondava, tiravano fuori il tesserino per identificarsi, dichiarandoli in arresto.

Era un freddo pomeriggio di dicembre del 1989, camminavo su una strada deserta del mio paese, quando sentii all'improvviso delle grida provenienti da ogni singola casa, e vidi delle persone uscire in strada, urlare di gioia; sfogandosi con i peggior insulti verso Ceausescu. Era il giorno della caduta del governo, un giorno memorabile. Lui e la moglie furono processati e giustiziati, appena dopo due giorni dalla loro cattura. Ma dopo cinque anni dalla caduta del governo comunista, non era cambiato quasi nulla, motivo per cui, sempre più spesso, pensavo di partire per l'Italia. Parlai con i miei genitori, che pur apprezzando la mia volontà, non avrebbero potuto sostenermi economicamente, rispondendomi semplicemente che non avevano tutti quei soldi e tanto meno un modo per procurarseli.

Ripensandoci adesso, decidere di lasciare la Romania alle mie spalle, a soli ventidue anni, fu proprio una fortuna, Ero abbastanza giovane da riuscire a cambiare, sebbene con grandi sforzi, la mentalità che, fino dall'infanzia, il regime comunista mi aveva inculcato.

Riuscirci è stata un impresa: per ben sei volte, mi sono sentito dire dall'agenzia di viaggi, che la partenza era sospesa. Dopo aver pagato circa milleduecento dollari, cioè tutti i miei risparmi, non mi restava che tornare a casa e aspettare di essere chiamato per la prossima partenza.

Erano tante le agenzie di viaggi che si prendevano i soldi per i biglietti e, dopo qualche giorno sparivano nel nulla, appropriandosi non solo di tutti i risparmi di una vita dei viaggiatori, ma anche dei loro sogni. .

Non erano somme alla portata di tutti, infatti c'era anche chi, per pagarsi quel viaggio, aveva addirittura venduto la propria casa.

Finalmente arrivò il giorno della partenza! Provai una forte emozione salendo su quel pullman "lussuoso". Guardavo il mondo dall'alto, fino ad allora abituato soltanto ai mezzi pubblici, sporchi, carichi di fumo e privi d'aria condizionata. Feci un sospiro profondo, ero felice, partivo verso il paradiso terrestre, un grande sogno stava per avverarsi. Ascoltavo la musica in sottofondo e guardavo la gente che andava al lavoro nelle grandi fabbriche, mal vestita, con i volti provati dalla sofferenza e dalla preoccupazione, e mi sentivo protetto da quel semplice vetro che mi separava da quella triste realtà.

Addio povertà! Si parte per il paese dove i sogni si realizzano in fretta! Tutti vestiti eleganti in giacca e cravatta, dovevamo fingere di essere un gruppo di ballerini, che dopo aver eseguito uno spettacolo in Francia, tornava a casa attraversando l'Italia; era l'unico modo per ottenere il visto, dall'accordo di Schengen. Dietro quella finta eleganza si nascondeva la triste verità. In alcuni casi, bastava guardare le persone negli occhi per intravedere la loro storia, capire che quell'abito non aveva niente a che fare con la loro vita quotidiana, potevamo sembrar di tutto, ma non certo ballerini.

Uscendo dalla città, il pullman imboccò la strada statale, non c'era più niente da vedere oltre ai campi deserti. Sulla strada incontravamo spesso dei carri, che portavano le persone a lavorare nei campi. In lontananza vidi un vecchio trattore che arava, preparava la terra per essere seminata per la seconda volta quell' anno, lasciando al suo passaggio una lunga scia di fumo nero. Accanto a me era seduto il fratello minore di un ragazzo che conoscevo, indossava un completo che non suo, era troppo grande, di poche parole mi rispondeva a monosillabi. Dopo diversi tentativi falliti di iniziare un discorso con lui, ritornai a guardare fuori dal finestrino. I campi cominciavano a essere popolati dagli agricoltori, alcuni erano appena arrivati sul posto e scendevano dai carri, altri invece stavano già curvi sui campi. In quel momento mi rammentai le parole di mio padre: "figlio mio, il lavoro dell'agricoltore è faticoso, la terra è bassa, per lavorarla bisogna piegarsi." me le ripeteva spesso. A me non interessava quel tipo di lavoro, perché trovavo la natura imprevedibile, poteva farti sperare in un buon raccolto fino all'ultimo e poi bastava una pioggia torrenziale per distruggere tutto.

Il confine dell'Ungheria distava poco più di settecento chilometri, e impiegammo quasi tutta la giornata a raggiungerlo, perché non essendoci autostrade, fummo costretti ad attraversare città e paesini. Il sole cadde lentamente dietro le colline, la notte limitava la vista. L'autista fermò lentamente il pullman al posto di controllo doganale rumeno, salirono in tre, verificando per primi i documenti degli autisti, dell'autocarro e poi i nostri. Uno dei tre si soffermò davanti al passeggero più anziano e gli chiese: "quindi, sei un ballerino? Visto l'età, dovresti essere molto bravo." Gli restituì il passaporto senza esigere una risposta, dicendo mentre scendeva: "andate, buona fortuna."

Percorremmo pochi metri, e poi ci fermammo di nuovo, il doganiere ungherese salì lentamente. Aveva il viso duro, lo sguardo di ghiaccio ma i gesti erano gentili. A uno di noi domandò qualcosa in ungherese, mentre confrontava il suo volto con la foto del passaporto. Non ricevendo risposta, ripeté la domanda in uno stentato rumeno: "dove andare?" "In Italia" rispose il presunto ballerino. Il compagno di viaggio che gli era seduto accanto, gli diede una gomitata di nascosto. "Vado in Francia, mi scusi, e al ritorno passiamo per Italia.". Il doganiere gli restituì il passaporto guardandolo con compassione. Continuò a esaminare i documenti di tutti gli altri in silenzio e infine, mise il timbro per autorizzare l'ingresso in Ungheria. Era la prima volta che oltrepassavo in modo dignitoso quel confine. Tutte le altre volte lo avevo fatto a piedi. Per quasi un anno mi ero recato al lavoro in un paesino oltre la dogana, il tutto per riuscire a mettere da parte il denaro necessario per pagare il biglietto del viaggio.

Era tarda notte, l'idea di allontanarmi sempre più dalla terra natale mi faceva star bene, avevo tanta voglia di scoprire nuovi territori, nuove abitudini, nuove culture, e nuove lingue. Non sapevo a cosa sarei andato incontro, ma non importava. Sarebbe stato diverso. E questo bastava. La routine non fa per me, sa di vecchio. Avvertivo i primi sintomi di stanchezza, ma i posti che stavamo attraversando erano talmente belli che volli rimanere sveglio per tutta la notte.

Nelle aree di servizio, per alcuni di noi, iniziarono i problemi: usare i bagni sempre più sofisticati e comunicare in una lingua straniera per comprare delle cose. Il gruppo si divise in due parti: la minoranza, quelli che erano già stati in Italia più di una volta, aveva un comportamento naturale, mentre quelli che non erano mai usciti dal paese erano molto tesi. Io purtroppo facevo parte del secondo gruppo anche se avevo lavorato in Ungheria per diversi mesi, non avevo mai imparato la lingua, perché essendo vicini al confine, parlavano tutti rumeno. Chiesi al ragazzo che mi si sedeva accanto: "senti Alex ma se riesci a fare soldi in fretta, cosa vuoi comprare al tuo ritorno?" Mi fissò per un po' e poi mi disse: "Una bella moto."

"Ti piacciono le moto?"

"Non tanto."

"Allora perché te la vuoi comprare?"

"Perché alla ragazza che mi piace e che voglio conquistare, piacciono molto."

"Beh, è sempre una strategia."

"E tu? Cosa vuoi comprare?"

"Un trattore, non per conquistare una ragazza, ma..." mi interruppe. "Vedi, è per questo che non voglio parlare con nessuno dei miei sogni, mi prendete tutti in giro." "Dai, tranquillo, posso pure scherzare con le cose serie ma nei sogni ci credo." Non si fidò delle mie parole, preferì tenere segreti gli altri suoi sogni, tornò nella sua solitudine, in silenzio.

Non molto lontano, nel buio, si intravedeva una grande macchia di luci. Era Budapest, con la sua bellezza signorile, separata in due parti dal Danubio. E' considerata la città più bella, lungo il corso del fiume. Vederla di notte fu una fortuna, le luci decoravano l'oscurità e danzavano sui riflessi dell'acqua. L'incanto svanì mentre la città iniziava a cambiare volto; le luci sconfitte dall'aurora sembravano quasi superflue, mettendo fine al balletto allegro sul fiume. Con quelle immagini festose nello spirito, mi addormentai. Dormii fino al confine con l'Austria e fui svegliato dalla guida che ci avvisava di preparare i passaporti. Andò tutto liscio, l'autista fermò il pullman subito dopo la dogana, nell'area di servizio. L'Austria ci accoglieva con le sue colline verdi, curate in maniera invidiabile, dappertutto l'erba era appena tagliata, qua e là si vedevano delle mucche pascolare, non molto distante dalle fattorie. Dopo poche ore, eccoci a Vienna, la capitale, attraversata dal Danubio che scorre orgoglioso, danzando l'elegante walzer creato da uno dei più grandi compositori che la capitale ospitò nei tempi del romanticismo, Johann Strauss. Eravamo soltanto a metà viaggio, non avevo mangiato nulla, nutrendomi soltanto della bellezza dei posti che vedevo.

Erano passati due giorni dalla partenza, ma mi sembrava un'eternità, avevo perso la nozione del tempo, seppur dormendo solo poche ore. Appena mi svegliavo chiedevo a chi mi stava vicino di descrivermi i posti che mi ero perso. Mancava poco al confine con la Germania, sentivo gli autisti raccontare che un altro pullman della stessa agenzia non era riuscito a passarlo, in quanto non in regola con le norme sull'inquinamento. Per fortuna il nostro pullman era quasi nuovo, quindi non avemmo problemi. Ero troppo stanco, non riuscivo a tenere aperti gli occhi, quindi vinto dal sonno, della Germania e della Francia non mi ricordo quasi nulla. Al mio risveglio mancava poco all'ingresso in Italia. Il rischio che non lasciassero entrare il pullman era altissimo, dato che era possibile far ritorno in Romania, direttamente dalla Francia, senza necessariamente passare per l'Italia. La sosta alla dogana fu lunga e con interminabili controlli dei documenti, minuziose ispezioni dei bagagli e portabagagli. Infine ci fecero passare. "Siamo in Italia!!! Ce l'abbiamo fatta!!!" gridò il capo gruppo. Tutti rispondevamo, urlavamo e qualcuno fischiava di felicità.

Dalla dogana fino alla prima aria di servizio, con il volume della musica altissimo, si cantava e si ballava. Visto che eravamo "ballerini", almeno in quell'occasione, abbiamo tirato fuori il nostro talento.

Alla prima sosta sul territorio italiano, ci precipitammo tutti nelle cabine telefoniche, per chiamare amici, conoscenti o parenti, immigrati prima di noi per dar loro la bella notizia, cioè che eravamo appena entrati in Italia. Io credevo di poter contare su un amico, che aveva promesso di aiutarmi, ma mi ero sbagliato, perché quando lo chiamai mi disse che non poteva accogliermi. Così compresi che della nostra amicizia non era rimasto nulla, o peggio che mai fosse esistita.

Certo, rimasi amareggiato dal suo comportamento, però da questa brutta esperienza imparai che nella vita, purtroppo, è difficile trovare un vero amico.

Con me viaggiava il fratello minore di un ragazzo, con il quale più di una volta eravamo andati a divertirci, però visto il comportamento del mio "amico", a quel punto non mi aspettavo di essere aiutato da nessuno.

Comunque, pensavo solo al fatto di essere in Italia, sapevo che non mi aspettava una bella vita però la forza dell'incoscienza fece svanire il peso delle preoccupazioni. Incominciai a capire perché l'Italia era conosciuta come il paese del benessere: macchine di grossa cilindrata, vestiti eleganti, persino gli occhiali da sole sembravano fatti su misura e davano ai volti un tocco di accuratezza invece di nasconderli. Mi innamorai all' istante dell'Italia, mi sembrava il paese completo: gentilezza, professionalità, libertà, posti belli dappertutto, storia, arte, cibo, insomma il posto ideale dove crearsi un futuro.

A Padova scesero i primi passeggeri, c'erano parenti e amici ad aspettarli, abbracciarli, prendendo i loro bagagli si allontanavano dimostrandosi a vicenda la gioia di essersi incontrati; per me invece fu un momento di profonda tristezza. In ogni grande città scendeva una parte dei passeggeri. Giungemmo di notte alle porte della città eterna, nel pullman eravamo rimasti in pochi, la maggior parte dei viaggiatori era scesa nel nord, ci stavamo avvicinando alla fine del viaggio. Sentivo parlare gli autisti, irritati per il tanto traffico, si lamentavano arrivare a Roma in orario, era impossibile. Non avevo nessuna fretta, anzi avrei voluto che il viaggio continuasse almeno per un altra settimana. Il capolinea era in Via Marsala, una strada parallela alla stazione Termini. Insieme al mio compagno di viaggio, dopo aver preso i bagagli, cercavamo di capire come arrivare a piedi alla stazione, dove ci aspettava suo fratello Gorgio, quello con cui ero in rapporto a Bucarest. Passammo proprio davanti all'ostello della Caritas dove molte persone erano sedute per terra, e alcuni senza tetto dormivano sui cartoni. Fu un impatto fortissimo, sentii un vuoto nello stomaco, tanto che non riuscivo a rispondere ad Alex che continuava a chiedermi se era quella la strada giusta, pregavo Dio di aiutarmi a non finire in quelle condizioni, a dormire per terra, su un cartone davanti alla Caritas.

Allontanandoci dalla fermata del pullman senza sapere se andavamo verso la stazione giusta, chiesi delle informazioni in uno stentato Italiano, "dove Termini, prego" a due belle ragazze, che spiegandoci come arrivare, ci indicarono con la mano la direzione. Non capii nulla di quello che dissero, però dal timbro della voce maschile, compresi che non erano ragazze. Era la prima volta che vedevo dei transessuali, e avevo le idee un po' confuse su come fosse possibile trasformarsi del tutto, da uomo a donna, escludendo però la voce. Alla stazione ci aspettava Giorgio il fratello di Alex , ed ero così incuriosito che per prima cosa gli chiesi dei trans, e lui sorridendo mi rispose: "In Italia sono più desiderati delle donne", non riuscii a capire la battuta ma non gli domandai altre informazioni. Non vedendo nessuno per me, capii che l'amico su cui contavo si era tirato indietro, e mi disse che   mi poteva ospitare soltanto   per quella notte. Accettai senza esitare. Il giorno dopo lasciai da loro la mia valigia e i documenti,   poi andammo insieme nei posti dove potevo mangiare gratis, pranzo e cena, alla Caritas. Per dormire,, mi accompagnò in una traversa di via Casilina da uno sfascia carrozze e mi disse: "Guarda, qui c'è anche una fontanella dove ti puoi lavare, cerca di venire la sera tardi e vai a dormire nelle macchine che stanno ammucchiate in alto".

Capitolo 2
Vita da barbone

Si fece sera, dopo aver cenato alla Caritas mi avviai verso lo sfasciacarrozze, da solo. Stavo iniziando una nuova vita, "vita da invisibile". Quando vi arrivai davanti non ebbi il coraggio di entrare, passai tre o quattro volte di fronte al cancello per vedere meglio se c'era qualche altro intruso, ma non scorsi anima viva in quel cimitero di macchine. Entrai dal cancello principale, chiuso con una catena che mi permetteva di passare tra i due battenti, con un fortissimo senso di colpa, era la prima volta che mi intrufolavo in una proprietà privata. Mi muovevo lentamente per non disturbare le macchine stanche e senza anima, che riposavano in pace, come in un luogo sacro. C'era la luna piena, e la mia ombra mi restituiva movimenti incerti, pieni di timore. La guardai per la prima volta come se fosse viva, mi faceva compagnia, avevo qualcuno di cui fidarmi! Scelsi una macchina spaziosa, al terzo piano, non tanto per i sedili comodi, quanto perché all'interno c'era più aria per respirare. Per fortuna, all'epoca, quasi tutte le macchine avevano i finestrini manuali, quindi potevo aprirli e chiuderli anche se era priva di motore e batteria. L'abitacolo aveva un buon profumo, era ben tenuto con i sedili intatti e funzionanti, lo trasformai in una camera da letto abbassando entrambi i sedili. I vestiti li appoggiai con cura sul volante, per trovarli il giorno dopo in buone condizioni. Per ore e ore tentai di addormentarmi ma non ci riuscivo, quella realtà era troppo dura, anche se avevo un sogno per il quale valeva la pena di sopportarla. Il sogno inseguito fin da ragazzo, di crearmi un futuro da solo, costruirmi una famiglia tutta mia, per la quale fare dei sacrifici e renderla felice.

In alto, nel cielo, l'alba spingeva le nuvole scure della notte annunciando l'arrivo di un nuovo giorno, soltanto a quel punto mi addormentai, per un'ora o forse meno, e riuscii anche a sognare, o meglio, ebbi un incubo: sognai che era arrivata la polizia e mi avevano rispedito in Romania con un foglio di via, mi alzai più stanco di prima. In meno di mezzo minuto mi vestii e scesi dalla macchina, con cura per non sporcare i vestiti, ci tenevo molto al mio aspetto. La vecchia e instancabile fontanella, vicino allo sfasciacarrozze, aveva mandato tanta di quell'acqua, durante la notte, che la terra non era riuscita ad assorbirla. La sua freschezza mi svegliò di colpo, ne buttai in abbondanza sul viso e anche un po' sui capelli. Diedi ancora un'occhiata alla macchina nella quale avevo dormito per ricordarmela alla sera quando sarei tornato: era la terza in alto, nella sesta colonna dal cancello. In lontananza, sulla strada, I fari di una macchina, si vedevano appena appena, iniziai a camminare, con la stanchezza del giorno precedente ancora addosso, appesantito anche dalla preoccupazione per il giorno appena iniziato.

Non vedevo ancora il bar sulla strada, ma sentivo un profumo invitante di cornetti caldi e caffè, controllai le tasche per riflesso, niente soldi, quindi passai oltre in fretta.

Dovevo prendere i mezzi pubblici per raggiungere un deposito di materiali edili, dove era possibile trovare lavoro. All'arrivo del primo autobus, salii e mi sembrò che tutti mi guardassero come un barbone, in parte lo ero, ma solo da un giorno e non per scelta. L'ingresso del deposito era invaso dai disperati in cerca di lavoro.

Ogni tanto si fermava una macchina e prelevavano qualcuno per lavorare.

Mezz'ora più tardi o forse meno, si sentirono delle urla, provenienti da un auto ferma, mi avvicinai e vidi l'autista scendere, spingere fuori delle persone. La macchina si era allontanata in tutta fretta; chiesi a qualcuno cosa fosse successo, che ridendo come un matto, mi raccontò che l'auto si era fermata solo per chiedere informazioni, ed era stata letteralmente invasa da tre nostri connazionali, che credevano di aver trovato un lavoro. Anche a me scappò una risata, sebbene nella mia situazione ci fosse ben poco da ridere.

Arrivò al deposito anche Alex, il ragazzo che aveva viaggiato insieme a me, suo fratello Giorgio gli offriva solo un posto per dormire. Mi portò un panino con la mortadella, non fui mai così felice per un semplice pezzo di pane. Era un ragazzo dal cuore grande, che in Romania aveva vissuto solo in campagna, sorridendo lo abbracciai come ringraziamento per il panino, e per tutto il resto. Lui comprese dal mio gesto, dal mio sorriso che ero dispiaciuto per le mie stupide battute, durante il viaggio infatti, lo avevo preso in giro più di una volta, perché indossava un completo di almeno due taglie più grandi con una cravatta lunga fino alle ginocchia.

Non trovai lavoro quel mattino, e verso l'ora di pranzo andai alla Caritas in via delle Sette Sale per mangiare. Dopo una lunga attesa in fila, mi trovai davanti ai banchi che mi separavano da tutto quel cibo appetitoso, piatti dei quali non ne conoscevo nemmeno i nomi, presi un vassoio e scelsi il primo e il secondo indicandoli col dito, rispondevo "si", tutte le volte che mi chiedevano di aggiungere una salsa. Quando finirono di servirmi i miei piatti erano così colmi che la plastica si stava piegando. Il pranzo veniva servito da volontari, per la maggior parte giovani, ragazze della mia stessa età, ma non ebbi il coraggio di guardarle negli occhi, chiedere la carità mi imbarazzava molto.

Non dimenticherò mai quel giorno, l'imbarazzo, il cibo dal gusto sconosciuto, scelto in base all'aspetto, sedermi a tavola vicino a persone che non conoscevo e delle quali non capivo la lingua. Bruciai le calorie di quei piatti, ancora prima di averli mangiati, tanto ero affamato. Ringraziando per l'ottimo pranzo, uscii dalla Caritas con le idee confuse su cosa fare nel pomeriggio.

Di fronte alla Caritas si trovava il parco Colle Oppio, proprio accanto al Colosseo, fu lì che decisi di trascorrere un po' di tempo. Sedendomi su una panchina, per la stanchezza della notte insonne finii con l'addormentarmi in pochi minuti, così profondamente he rischiai di cadere. Non molto lontano c'erano dei cassonetti, andai a recuperare una scatola di cartone, l'aprii, la misi per terra sotto l'ombra di un albero, e sdraiandomi senza tener conto della pessima figura o del rischio di essere prelevato dalla polizia mi addormentai ancora, dimenticando la realtà, fatta di problemi e delusioni, e cercando di abbandonarmi dormii profondamente per alcune ore. Mi svegliai con la speranza di trovare una realtà diversa, ma purtroppo nulla era cambiato. Quella sera andai a un altro punto Caritas, vicino alla stazione Termini, non potevo entrare perché non avevo la tessera, e per farla servivano due foto, che io non potevo certo fare, non avendo denaro con me. Per fortuna incontrai ragazzi che conoscevo, raccontai loro della tessera, e mi assicurarono che avrei cenato lo stesso. Quando uscirono dalla Caritas, ognuno di loro mi aveva portato una pietanza diversa, in tal modo riuscì a mangiare un pasto completo. Quando stavo in Romania, avevo notato un'amicizia forte tra i ragazzi che si erano conosciuti in Italia, e quella sera ne capii il motivo. Aiutarsi nei momenti difficili, come trovare da mangiare o un rifugio dove dormire, quando non si aveva un soldo, univa facendo nascere un'amicizia speciale. Dopo aver cenato, i ragazzi, mi invitarono a dormire nelle loro baracche, con la promessa di aiutarmi a costruirne, in breve tempo, una "tutta per me". Mi ero affezionato alla mia macchina e quindi rifiutai l'invito, ringraziandoli per la premura nei miei confronti.

Prima di andar via dalla Caritas, conobbi tre ragazzi appena arrivati, che non avevano un posto dove dormire, li portai con me e durante il tragitto, spiegai loro le regole di base dello sfascio. Quella sera rimanemmo a parlare fino a tarda notte, ognuno di noi raccontò la sua storia e i suoi sogni. Avevano la mia stessa età ma erano già sposati, con dei figli piccoli, di meno di un anno.

Mi mostrarono le foto delle mogli e dei bambini, erano la loro ricchezza.

Non ero sposato e neanche fidanzato, in Romania non ho mai avuto una fidanzata per lungo tempo, le chiamavo "relazioni sportive"….. Non mi ero mai legato affettivamente in modo stabile, non avendo nulla da offrirle oltre all'amore e ai sogni, che non bastano per mettere su famiglia. Quella sera, però mi sentii un ragazzo con il cuore di ghiaccio e privo di sentimenti. Ricordai uno dei miei amici che era fidanzato da più di quattro anni, e una volta mi aveva detto: "Dimitri ti invidio per la tua vita e per le tue relazioni, cambi spesso le ragazze", ma io gli avevo risposto: "tu stai costruendo qualcosa di grande, devi esserne orgoglioso, io invece non ho nulla, solo delle esperienze prive di significato". In quel momento, a Roma, in quelle condizioni, esseri soli, senza moglie, figli, impegni, era sicuramente meglio. In tanti sono tornati in Romania dopo pochi mesi dall' arrivo, non avevano la forza di restare a lungo lontani dalle loro famiglie. Verso mezzanotte ci demmo la buona notte e ognuno si recò alla "sua" macchina.   Prima di addormentarmi cercai di immaginare la mia futura moglie, lo facevo spesso, fin da piccolo, mi chiedevo dove fosse in quel momento e cosa stesse facendo, quella notte, avrei voluto sognare una parte del mio futuro, quella in cui, mi sarei sposato, così da poterla conoscere, ma non accadde.

Nei giorni successivi, tra me e i tre ragazzi si creò una bella amicizia, tutte le sere ci incontravamo alla Caritas di via Giolitti e li presentavo come vicini di casa tipo: lui abita nello stesso palazzo (sfasciacarrozze), al terzo piano (terza fila di macchine), cercavamo sempre di sdrammatizzare la situazione, per dimenticare la cruda realtà. Tutte le sere, prima di andare a dormire ci raccontavamo delle storie divertenti del passato, per farci due risate che erano come una camomilla, aiutandoci a non avere incubi durante la notte.

Finalmente, dopo qualche settimana trovai lavoro come manovale, mi prelevarono dal deposito come tanti altri e mi portarono via in macchina. Per fortuna ero insieme a un altro ragazzo che parlava italiano. Fu solo per tre giorni; il mio primo guadagno in Italia. Era equivalente a una settimana di duro lavoro in Ungheria e più di due settimane in Romania.

La domenica di solito è il giorno più bello della settimana, ma rendere bella la prima domenica a Roma nella mia situazione non fu facile.

Al mattino presto andai alla chiesa di Don Bosco, vicino alla stazione Termini, dove feci una doccia gratis e mi diedero anche dei vestiti puliti, un inizio promettente, ne uscii purificato, non solo con il corpo ma anche nell'anima.

Nella chiesa conobbi un altro ragazzo rumeno che si trovava nella mia stessa condizione, e mi diede dei consigli preziosi: mi indicò le chiese dove avrei potuto fare la doccia anche nei giorni infrasettimanali, e come comprare dei vestiti usati a mille lire il pezzo, a "Porta Portese", uno dei mercati più grandi di Roma, aperto solo la domenica mattina. Decisi di andare al mercato quella stesso giorno , e comprai dei vestiti per tutta la settimana, li scelsi con molta cura, colori chiari e tessuti leggeri, visto il caldo afoso. Non me ne resi conto, ma solo per attraversare il mercato, fermandomi ai banchi che mi interessavano, passarono ben tre ore. Feci dei buoni acquisti e per di più a un prezzo conveniente, spendendo parte del denaro guadagnato.

Il pomeriggio di quella domenica andai nel parco di Colle Oppio dove si radunavano tutti i rumeni, e incontrai molti compaesani, ex compagni di scuola e qualche "amico". Anche gli sconosciuti mi offrivano da bere, chiedendomi: ''Quando sei arrivato? Dove dormi? Ti va una birra?'' Quella di offrire da bere a una persona che incontravi per la prima volta, sembrava una tradizione, come se bere aiutasse a dimenticare.

Nessuno credeva che dormivo allo sfascio, perché oltre a indossare dei vestiti chiari e puliti, avevo fatto anche la doccia in mattinata. Passai un pomeriggio piacevole in compagnia di persone che conoscevo, mi rispettavano per quello che ero prima di arrivare in Italia, quindi non mi sentivo più un barbone, almeno per quel giorno. A pranzo non andai alla Caritas, perché preferivo stare insieme alle persone che conoscevo, comprammo dei panini e mentre mangiavamo, loro mi chiedevano notizie da casa e io domandavo loro quale fosse il modo migliore per trovar lavoro. Non esisteva un modo in particolare, mi dissero, dipendeva in gran parte dalla fortuna, che nel mio caso non mi ha mai abbandonato, ma nemmeno è mai arrivata di colpo. Dopo pranzo mi invitarono a far delle foto per mandarle a casa dai genitori, ma non nel parco dove stavano tutti seduti per terra a bere o mangiare. Bastarono pochi metri per cambiare l'immagine, sotto a una palma, con il Colosseo dietro le spalle e un sorriso un po' forzato, il tutto per tranquillizzarli. Fu questa l'immagine che i miei genitori ricevettero di me poche settimane dopo la partenza. Bella vita si direbbe. Peccato che non corrispondeva alla realtà, almeno per il momento.

Si era fatto tardi, quasi tutti se ne andavano e il parco si stava riprendendo la sua tranquillità, ma non la sua bellezza, per terra c'era di tutto, piatti di plastica, bottiglie di vetro, residui di cibo e tant'altro. Parlavo con i miei amici, della brutta figura che stavamo facendo, comportandoci in quel modo, non rispettando l'ambiente. "Pensa quanto sarebbe stata felice la nostra professoressa di storia," disse uno dei ragazzi, "a vedere il Colosseo da vicino, purtroppo non ha la possibilità di pagarsi il viaggio". "Oggi, qui, ci sono stati una marea di ignoranti che manco si ricordano di averlo studiato", aggiunse un altro.

I ragazzi mi salutarono con la promessa di far avere il prima possibile le foto ai miei genitori, e di rivederci il fine settimana seguente.

Non andai a cena alla Caritas quel giorno, volevo renderlo speciale, tornai direttamente allo sfasciacarrozze. In attesa dei miei amici, cercai un posto dove nascondere i vestiti che avevo comperato, non li potevo portare con me tutti i giorni.

Quella domenica ero riuscito ad avere un po' di serenità e tanta speranza, fu come una ricarica di energia.

I miei amici quella sera mi fecero aspettare, arrivarono molto tardi, perché avevano incontrato dei loro conoscenti con i quali dal giorno seguente avrebbero iniziato a lavorare in un posto fisso, erano molto contenti e anche io per loro, anche se questo significava che quella sarebbe stata l'ultima notte che avrebbero dormito allo sfascio, e io, sarei rimasto nuovamente solo. Mi promisero però, che appena si fosse liberato un posto di lavoro, mi avrebbero portato con loro, non ci contavo molto, ma li ringraziai lo stesso per il pensiero. Andammo a dormire presto, loro dovevano riposarsi per poter lavorare il giorno seguente.

La mattina mi svegliai insieme a loro per salutarli, ci promettemmo di incontrarci, finché non avrei trovato lavoro, tutte le domeniche nel parco di Colle Oppio.

Ci conoscevamo soltanto da una settimana, ma la separazione fu davvero dolorosa.

Andai anche quella mattina a cercare lavoro al solito deposito di materiali, ma non trovai nulla oltre al caldo terrificante e all'umidità che faceva pressione sul mio corpo attaccandomi la maglietta sulla pelle. Esausto dal caldo e con un mal di testa quasi insopportabile, lasciai il deposito intorno le undici e mi indirizzai verso un punto Caritas per pranzare.

Le strade erano vuote, camminai per circa un chilometro, i faticosi passi lasciavano le impronte delle scarpe nell'asfalto, il sol leone picchiava in testa, in lontananza vedevo vibrare l'aria sul selciato, come nel deserto.

Davanti alla Caritas, vidi un amico che avevo conosciuto durante la leva militare, seduto sul prato, molto dimagrito e con dei baffi che gli stavano malissimo. Lo fissai per quasi un minuto, non ero sicuro che fosse veramente lui, tanto che inizialmente pensai di avere delle allucinazioni causate dal caldo: si alzò e venne verso di me, con le braccia aperte e sorridendo mi disse:

"Dimitri, amico mio, come stai? Fatti abbracciare" e poi continuò con le solite domande:

"Quando sei arrivato? Lavori? Ti va una birra?"

"No, non ho nemmeno pranzato," gli risposi

"Dai, andiamo insieme, alla Caritas", mi disse.

Fu la prima volta che pranzavo insieme a qualcuno che già conoscevo, Giovanni mi diede dei consigli sui primi piatti e anche sui secondi, parlava bene l'italiano, il suo discreto accento mi fece capire che si trovava in questo paese da molto tempo, ma non gli chiesi nulla al riguardo, aspettavo che me lo dicesse lui. Trovammo libero un tavolo da due, così mentre pranzavamo ci raccontammo un sacco di cose. Era in Italia da un anno e mezzo e non lavorava da qualche giorno per via delle ferie d'Agosto, che poi a lui non interessavano, però il cantiere rimaneva chiuso per tre settimane.

All'uscita della Caritas, incontrammo molti dei suoi amici, e dopo aver parlato qualche minuto con loro, ci allontanammo dal parco, per fare un giretto, e mi chiese quali monumenti avevo già visitato. Gli raccontai che dormivo allo sfasciacarrozze e tutte le mattine andavo a cercare lavoro, non avevo quindi tempo né voglia di fare il finto turista. Quando sentì che dormivo dentro le macchine, mi chiese:
"Ma sei matto?"
"No! Non sono matto, sono costretto", gli risposi,
"ma sentilo, dentro le macchine - sai che è pericoloso?"
"Certo, ma cosa posso fare altrimenti? Dove vado?"
"Ma vieni con me no, dai l'addio alla vita di prima".
In quel momento pensai: "Dio, allora esisti veramente e hai ascoltato le mie preghiere". Ero la persona più felice del mondo, finalmente avrei ripreso ad avere una vita "normale".
A questo punto mi piaceva molto l'idea di "fare il turista", come avevo detto amaramente solo pochi minuti prima, e in compagnia di Giovanni conobbi i monumenti più importanti e famosi.
Il Vaticano, mi colpì in particolar modo, la bellezza, la ricchezza e la grandezza della Basilica di san Pietro.
Non sapevo che la cappella Sistina era stata dipinta da Michelangelo che ci impiegò quattro anni per finirla. All'interno della Basilica, l'anima mia trovò pace, mi sentivo protetto da ogni male e dai pensieri negativi. Accesi una candela per far luce sul mio cammino e pregai il Signore di non abbandonarmi. Ero solo davanti a Dio con i miei peccati, che

giustificavo come se non ne avessi commesso nemmeno uno.

Fu un pomeriggio diverso da tutti i precedenti, la sera andammo insieme a cenare alla Caritas e poi finalmente a casa dal mio amico, non vedevo l'ora di fare un bel bagno e dormire su un letto.

Si trovava a quattro o cinque fermate di autobus dalla stazione, e quando scendemmo era già buio, ci stavamo allontanando dalla strada principale sempre di più, pensai: " Che bello è un posto tranquillo". Appena finii di pensarlo udì un treno passare ma non aveva importanza, avrei dormito comunque, ero talmente stanco che solo una tirata di almeno dodici ore, mi avrebbe rimesso in sesto. Imboccammo una strada stretta a senso unico piena di alberi, attraversammo un ponte, sotto il quale passavano i treni, iniziammo a scendere, e in fondo alla strada, visi solo una casa malandata, con un cancello che la separava dai binari. A quel punto dissi a Giovanni:

"Spero che non paghi tanto d'affitto.". Lui mi rispose: "Ma affitto, qui dormiamo dentro ai treni! Dai, scavalchiamo il cancello!". Mi misi a ridere.

"Che c'è?'' mi chiese lui, stupito dalla mia reazione.

 "Niente, pensavo soltanto di fare una doccia e di dormire su un letto, invece nulla di tutto ciò".

"Mamma mia che pessimismo, dai attraversiamo i binari, siamo quasi arrivati. Vedi quel treno?''

 " Si, certo."

"E' lì che dormiamo''''.

"Ed io pensavo che fosse una casa''''', mormorai senza farmi sentire.

“La prima carrozza è la nostra, indovina perché abbiamo scelto quella”?

“Non ne ho idea, dimmelo tu.”

“Allora, quando arriva la polizia, di notte, entra dall'ingresso principale della stazione, quindi dalla parte opposta, così la nostra carrozza diventa l'ultima del convoglio”.

“E allora? Gli ultimi vengono trattati meglio?” gli chiesi scherzando,

“ma no, così abbiamo il tempo per scappare proprio da questa parte, da dove stiamo entrando adesso, dobbiamo però fare attenzione ai binari o meglio ai treni che passano”, rispose l'amico serio.

“Grande idea, allo sfasciacarrozze mi avevano consigliato di dormire nelle macchine in alto, sempre per via dei poliziotti”.

“Ecco, siamo arrivati. Ragazzi lui è il mio amico, ex compagno di leva, da oggi dormirà qui con noi”. Mi presentò a tutti, e io strinsi tutte quelle mani senza conoscere nemmeno i loro nomi. “Vieni, sali, ti faccio vedere dove dormirai, questo è il tuo letto e questo è lo spazio sulla parete dove puoi appendere i tuoi panni, e ci sono anche chiodi già fissati che fanno da appendiabiti, che ne pensi?” “Ottimo, finalmente un letto!”. In realtà era una brandina senza lenzuola eppure andava bene lo stesso. Nella vecchia carrozza di legno, si sentiva una puzza di pecore non indifferente, c'erano quattro materassi più il mio lettino, vestiti, asciugamani e cose varie erano appesi ai chiodi fissati sulla parete. Per terra invece c'era una sporcizia indescrivibile.

"Allora, adesso andiamo a fare la doccia e strada facendo troviamo qualcosa da mettere sul tuo letto come lenzuolo".

 "La doccia? Dove?'' Pensavo fosse uno scherzo, invece parlava sul serio.

"Abbiamo tutto qui amico mio, tieni questo asciugamano, il sapone lo troviamo li".

Percorremmo i binari passando accanto a tutto il convoglio, lui mi raccontò, accompagnando la presentazione con un commento, chi abitasse in ogni altra carrozza.. Iniziò da quella accanto alla nostra:

"Vedi questa carrozza?"

"Sì."

"Non devi guardare mai se vedi qualcuno che entra o esce, qui dormono gli spacciatori, hai capito?''

 "Sì, stai tranquillo, non guarderò". Lo rassicurai, con la voce un po' tremante. "Certo è proprio un bel posto".

 "Ma tu cosa credi," mi rispose, "che dall'altra parte di questo recinto ti aspetti una vita migliore? Almeno qui ci aiutiamo tra di noi e sappiamo esattamente la vera identità di ognuno, invece al di fuori di qui non sai mai chi si nasconde sotto un bel vestito elegante". Non aveva tutti i torti ma comunque, non era un posto tranquillo! Arrivammo al lavaggio carrozze, io pensavo ci fossero delle docce da qualche parte, magari all' interno, invece no, ci lavammo proprio sui binari.

Giovanni improvvisò una doccia attaccando alla fine di un tubo fissato su un palo, più o meno all'altezza d'uomo, una specie di cipolla che non era altro che il pezzo finale di un innaffiatoio di plastica. "Ecco la doccia" disse orgoglioso del lavoro appena compiuto. "Vieni, ti faccio vedere dove puoi trovare il sapone, ci sono diverse fragranze, scegli quella che preferisci". Ne scelsi una a caso, non vedevo l'ora di lavarmi. L'acqua era fredda ma durante l'estate si poteva sopportare. È stato il momento più bello di tutta la giornata!

Puliti e rinfrescati, al ritorno verso la carrozza abbiamo fatto una strada diversa, dove c'era un altro treno, di confort superiore al nostro (con la mia successiva esperienza negli hotel lo avrei definito "a cinque stelle"!), in cui abitavano altri rumeni che erano arrivati per primi. Alcuni dormivano lì da oltre cinque anni, fin dall'inizio, da quando erano arrivati in Italia, e avevano trasformato la carrozza in una roulotte dotata di fornelli a gas, armadi e letti, persino il televisore. Andammo a trovare un suo amico che abitava proprio lì il più anziano, che gli disse: "Compare! La settimana prossima torno in Romania, torno dalla mia famiglia che non vedo da quasi cinque anni, ho finito di costruire la casa, guarda quant'è bella." Gli mostrò una foto che teneva piegata nel portafogli.

"Che ne pensi? Ti piace?"

"Certo, è bellissima! È molto grande! Hai fatto anche il garage sotto casa. Secondo me no è completa."...

"Cosa manca?" chiese l'altro un po' seccato.

 "Una carrozza ferroviaria, secondo me tu non sei più abituato a dormire in una casa, vivi qui da quasi cinque anni," scoppiò a ridere mentre restituiva la foto al suo amico e gli dava delle pacche sulla spalla.

“Beato te, che torni a casa, quanto vorrei tornare anch'io ma non ho ancora finito di costruire la mia.”
“Puoi venire a vivere qui al mio posto, se vuoi.”
 “No, grazie amico, l’apprezzo molto, se mi abituo al confort non torno più a casa. Vorrei tornare ancora giovane e in forma, perché io la moglie la devo ancora trovare. Comunque ti faccio i migliori auguri amico mio, fai buon viaggio.”
Abbracciandosi, trasformarono l'atmosfera da scherzosa a commovente.
“Dai figliolo! Fatti forza, sei giovane, hai tutta la vita davanti, io ho lasciato la figlia più piccola che aveva un anno e adesso ne ha quasi sei, mi ha visto solo nelle foto, per non parlare poi di mia moglie, lasciarla da sola con tre bambini non è stato facile ma ce l'abbiamo fatta e ce la farai anche tu, sei un ragazzo in gamba. Non è colpa nostra se stiamo qui, lontani dalle nostre famiglie, a vivere in queste condizioni per poter mettere un po' di soldi da parte. La colpa è del governo che non ha mai lottato per il suo popolo, hanno pensato soltanto ai loro interessi.”
Giovanni salutò l’amico con un affetto che mi colpì, erano compagni di sofferenza; vivere nella semplicità e nell’uguaglianza rinforzava la loro amicizia. Tornammo verso la nostra carrozza, ed eravamo quasi arrivati, quando a un tratto Giovanni si fermò ed esclamò: “Oh Dio le lenzuola per te! Vieni andiamo a vedere lì.” Era proprio la casa malandata che avevo visto in fondo alla strada, vicino al recinto. Entrammo dalla porta posteriore che era aperta, la prima stanza che incontrammo era abitata da qualcuno che non si trovava in casa in

quel momento. "Facciamo presto!" gli dissi, "non mi va di litigare con chi abita qui." "Tranquillo!" rispose Giovanni, senza un minimo di preoccupazione. "Se arriva qualcuno, diciamo che siamo i proprietari della casa e riteniamo giusto che paghi un minimo d'affitto, anzi gli facciamo risparmiare il deposito di cauzione." Non riuscivo a capire come lui fosse cambiato così tanto da quando facevamo il servizio di leva. Non aveva paura di niente, prendeva tutto come se fosse un divertimento, non gli pesava dormire in quelle condizioni, mangiare alla Caritas, insomma non avere più una vita normale.

"Ecco trovato, non è esattamente quello che ci serve ma va bene lo stesso, almeno per adesso." Prese una tenda di stoffa pesante, che serve di solito a riparare dalla luce e dal caldo, appoggiata su una sedia vicino alla finestra. "Vedi, l'inquilino non aveva intenzione di usarla quindi non se ne accorgerà nemmeno." La tenda, di color marrone scuro, ancora nella busta di plastica, era nuova di zecca. "Prendi anche quel cuscino, ti servirà." mi disse Giovanni, tranquillo, mentre si guardava in giro, in cerca di qualcos'altro di utile. "Andiamo, non c'è più nulla di interessante, è tutta robaccia," disse Giovanni, con una smorfia di disprezzo. Ci dirigemmo verso la "nostra" carrozza, dove tutti gli altri erano fuori a fumare. Salii e sistemai il lettino, misi il cuscino sul materasso e poi coprii tutto con la tenda pulita, era uno spettacolo, non vedevo l'ora di dormire.

"Allora? Com'è questo letto?" mi chiese l' amico, che nel frattempo stava fuori con gli altri. "Vieni a fumare!"

" Sì, arrivo, il letto è perfetto." Scesi dalla carrozza contentissimo, e mi unii a loro.

Giovanni disse ancora: "Mi raccomando ragazzi, aiutiamo questo amico a trovare lavoro, sa fare un po' di tutto, è bravo." Finita la sigaretta, tutti gli altri andarono a dormire, rimanemmo solo noi due e parlammo fino a tardi senza nemmeno renderci conto che era mezza notte passata.

"Andiamo a dormire Giovanni, sono un po' stanco e poi non vedo l'ora di provare il letto nuovo, domani dormirò fino a tardi, sicuramente sarà il caldo a svegliarmi. Ah dimenticavo, grazie mille!" Gli dissi seriamente.

"Di niente, tranquillo, anche tu hai fatto tanto per me durante il militare", replicò lui sorridendo.

Salimmo sulla carrozza e chiudemmo la porta che scivolava con fatica sui suoi binari storti e arrugginiti, lamentandosi con un suono acuto quasi assordante. Il buio all'interno venne spezzato in due da un debole raggio di luce proveniente da fuori, che si infiltrava attraverso una fessura. Guardai quella scena e mi venne quasi da piangere, perché sembrava fatta apposta per me, come un simbolo della mia situazione; infatti mi trovavo proprio alla metà di un tunnel, il raggio di luce debole indicava il buio che mi aspettava: la prima metà era il mio futuro in Italia e l'altra, quello che avrei trovato se fossi tornato in Romania. Ogni tanto il silenzio notturno veniva interrotto dalla musica accompagnata dalle risate di un gruppo di ragazzi che festeggiavano non molto distante dalla nostra carrozza. Ero vicinissimo alle persone che conducevano una vita normale, mi separava da loro, soltanto quel maledetto recinto. Riuscii ad addormentarmi quasi subito, dopo aver cancellato dalla mente tutto quello che avevo fatto durante il giorno, come ogni sera, stante la situazione, dimenticare era l'unico modo per riuscire non solo a dormire, ma per trovare la forza di andare avanti senza avere un crollo psicologico. Fui svegliato dal rumore del primo treno che passava vicino alla nostra carrozza, mi alzai in piedi impaurito, con gli occhi spalancati, non mi ricordavo dov'ero e non realizzavo cosa fosse quel rumore. Quando vidi gli altri che dormivano tranquilli capii che prima o poi, mi ci sarei abituato anch'io. Mi rimisi sul letto e presi sonno in pochi secondi. Stavo dormendo profondamente, quando qualcuno aprì la porta della carrozza e con voce alta disse: "Sveglia, è arrivata la pizza." Questa volta si alzarono tutti di scatto e io rimasi steso sul letto. "Vieni Dimitri!" disse uno dei ragazzi. "Quest'amico tuo, quando si tratta di mangiare si dimenticherebbe persino di suo padre," continuò il ragazzo, indicando Giovanni e dicendogli: "Sei proprio un morto di fame", scherzava ovviamente. Anche il tizio che aveva portato la pizza mi sollecitò ad alzarmi, obbedii e andai da loro anche se non avevo fame. "E quindi sei l'amico di questo scemo," commentò il "pizzaiolo" "guarda, io mi vergognerei ad andare in giro con uno come lui, si vede da lontano che è fuori di testa!."

Apprezzavo la loro capacità di gestire una situazione
così difficile, scherzandoci sopra, come se niente
fosse, mi sembrava di frequentare la scuola di vita
più determinata al mondo, dove la formazione non
veniva riconosciuta con un pezzo di carta, bensì
lasciava un'incisione nell'anima.
"Ti piace la pizza?" mi chiese il tizio che la portò,
come se fossi l'ospite d'onore.
"Sì, tanto", risposi e presi il pezzo più piccolo
rimasto.
"Dai raccontaci com'è andata questa sera con il
secondo lavoro" chiese all'ultimo arrivato, uno che
stava nelle carrozza.
"Bene!", rispose il tizio della pizza, "ho incassato
abbastanza e mi sono pure divertito.
"Figo! dai, portami con te una di queste sere"
insistette il ragazzo dalla carrozza.
"Non te la prendere compare, ma non sei tagliato per
queste cose, meglio che resti qui" rispose in tono
ironico.
L'altro tornò a dormire borbottando. Rimasi con
Giovanni a parlare fuori dalla carrozza, per più di
un'ora. Mi raccontò tutta la storia del ragazzo della
pizza, era uno che guadagnava più di due centomila
lire al giorno, in Romania si stava costruendo una
stazione di benzina e i lavori erano ormai quasi al
termine.
Tutti pensavano che avesse fatto un patto con il
diavolo. " Aveva una fortuna incredibile, lavorava
tutti i santi giorni e poi come secondo lavoro, alla
sera bloccava l'uscita della scheda telefonica nelle
cabine pubbliche, inserendoci un pezzo di plastica

piegato in due." Gestiva tre cabine contemporaneamente, aspettando fino a mezzanotte, nei paraggi, osservando tutto quello che succedeva e poi, quando in giro non si vedeva più nessuno, andava a togliere la plastica con un coltellino dalla lametta molto fine, fatto da lui appositamente per quel tipo di lavoro. All'interno di ogni cabina telefonica potevano rimanere bloccate fino a tre schede, una dietro l'altra. Lui, dopo averle recuperate, controllava il credito di ognuna e lo scriveva sopra. Finito il secondo lavoro, a mezzanotte passata, tornava a piedi verso la stazione, passando in una pizzeria dove era diventato cliente fisso, e aspettava la chiusura per prendere gratis, la pizza che non veniva venduta. La domenica, invece, andava nel parco Settesali, per vendere le schede telefoniche ai suoi connazionali, applicando loro uno sconto del 20%. Era un tipo tranquillo, a vederlo nessuno poteva immaginare che fosse capace di fregare il prossimo. Giovanni mi disse che portava la pizza agli altri, tutte le sere, per farsi perdonare da Dio le cattive azioni, compiendone una buona, così si sentiva la coscienza a posto. Prima di tornare finalmente a dormire, domandai un'ultima cosa al mio amico: "deve venire ancora qualcun' altro?" "No, no, ci siamo tutti, se qualcuno aprirà la porta stavolta saranno solo poliziotti". "Stai scherzando?" risposi attonito. "Ma dai, smettila di preoccuparti, andiamo a dormire."
Erano quasi le tre di notte, io mi sentivo talmente stanco che mi addormentai di colpo. La mattina sentii vagamente gli altri trafficare nella carrozza, mi

girai dall'altra parte nel letto e mi coprii la testa con un pezzo di tenda che avanzava da un lato. Dormii fino alle undici passate, svegliandomi con un leggero mal di testa , per via del caldo.

Quando mi alzai ciò che nella carrozza mi colpì di più fu il disordine e la sporcizia, quindi misi a posto un po' di cose e spazzai per terra, e al termine di questa operazione, sembrava già tutto diverso. Mi misi seduto sul bordo della carrozza, con le gambe a penzoloni che muovevo in un ritmo leggero e sincronizzato, come una persona spensierata, in effetti era così che mi sentivo in quel momento, non m'importava di niente. Osservavo, tutto e tutti, la vita, in quegli istanti, era uno spettacolo in cui io non ne ero il protagonista, ma solo uno spettatore; riuscivo a notare che alcuni erano bravi a recitare mentre altri apparivano privi di personalità. Una risata, il suono di un martello pneumatico, un fischio e l'annuncio di un treno in transito, facevano da colonna sonora, ricordandomi la normalità dalla quale io ero escluso. Vivevo una vita sregolata, che fino a qualche anno prima sognavo come una bella avventura, ma in realtà non mi piaceva. Ormai avevo capito l'importanza e il significato delle regole, e dei doveri senza i quali non potevo avere soddisfazioni, e una vita senza soddisfazioni mi avrebbe portato alla perdita dell'equilibrio morale, precipitandomi nel buio della depressione.

 Ma io avevo un sogno! Non mi sarei fermato davanti al primo ostacolo. Avevo fatto anche una promessa a mio padre, ovvero quella di regalargli un trattore tutto per sé, con i   miei primi soldi guadagnati. Così invece di essere sfruttato nel lavoro, per pochi spiccioli, come era successo ai tempi del comunismo, avrebbe potuto vivere più dignitosamente, e guadagnare in maniera sostanziosa fino alla fine dei suoi giorni. Mio padre si era sempre guadagnato da vivere in modo onesto, lavorando sodo e faticando, appunto per questo ritenevo giusto che avesse una ricompensa, riuscirci mi avrebbe reso felicissimo. Durante l'infanzia ho visto tanta sofferenza negli occhi dei miei genitori, così come li ho visti subire tante ingiustizie, sempre vinti dalla fatica per guadagnarsi quel poco denaro. La loro sofferenza mi ha fin da allora motivato, tanto che avevo promesso a me stesso che un giorno li avrei resi felici, ne avevano tutto il diritto. Quindi oggi, sebbene affranto e deluso, l'obbiettivo di realizzare un sogno unitamente a una promessa da portare a termine, mi imponevano di non deludere me stesso e nemmeno papà e mamma, per i quali io ero veramente la loro unica speranza. Ogni volta che mi sentivo giù pensavo a queste considerazioni, e mi facevo forza. Era la prova più importante della mia vita, non potevo fallire.

Tra un pensiero e l'altro, iniziai a sentire un po' di fame, così scesi dalla carrozza, chiusi la porta con molta cura, mettendo pure il gancio di metallo. Lì dentro c'era tutta la mia ricchezza e il mio lettino, che mi aveva cambiato la vita in una sola notte. Andai a piedi alla Caritas, ero senza biglietto per l'autobus e non volevo rischiare di prendere una multa. In mezz'ora di cammino , attraversai secoli di storia romana ,che bellezza!. Che pranzetto!

Nel parco alla ricerca di qualche conoscente.

Due chiacchiere, passare il tempo fino a sera.

Sicuramente avrei incontrato gli amici della carrozza.

In mezzo a un prato, a un tratto vidi un gruppo di persone radunate intorno a una coppia di mezza età. I due stavano in piedi quasi immobili, guidati nei loro movimenti, da due ragazzi come se fossero dei burattini.

"Fermi là!" sentii dire da uno dei due. "Voi non dovete fare nulla, siete nostri ospiti." I ragazzi andarono di corsa al cassonetto più vicino e presero due poltroncine, buttate lì l'una sopra all'altra. Erano ancora in buono stato, coperte da una stoffa di color verde scuro, spento dall'invecchiamento, con qualche macchia qua e là. "Ecco a voi, stiamo preparando il salone per i nuovi ospiti." Sistemarono le poltroncine vicino a un rudere antico che faceva ombra, e serviva anche da sipario, improvvisarono un tavolino, portando un pezzo di pietra che si era staccato da una colonna antica che sembrava riposare sul prato da chissà quanti secoli. "Il tavolo è stato scelto con cura, vicino a un monumento antico, non potevamo mettere dei mobili moderni.''

Le poltroncine con il loro aspetto consumato raccontano già una storia, ma a noi interessa solo la vostra, non altre, venite, accomodatevi e raccontate." Sembrava veramente una scena teatrale con i due, come protagonisti.

I "burattini" si sedettero, e subito gli spettatori scoppiarono in una risata: mentre la signora si stava sedendo, alla sua poltroncina, con un rumore secco,

si ruppe una molla, ribaltandola dopo una breve caduta si fermò nel prato. "Tranquilli! Faceva parte dello spettacolo, era per mettere a loro agio gli ospiti, e adesso, iniziate a raccontare la vostra avventura. Signore e Signori il massimo silenzio, per favore". La signora rideva ancora per la fuga della molla, ma il marito rompendo il ghiaccio disse:
"Vorrei tanto raccontarvi la nostra avventura, però ho la gola asciutta e non riesco a parlare." Venne subito interrotto da uno dei ragazzi.
"Portate subito due birre, grandi e fresche, per favore." Uno degli spettatori iniziò a correre per comprare le bibite dal venditore ambulante a poche decine di metri di distanza. La birra era sempre fresca, perché l'ambulante teneva le bottiglie in una vasca da bagno di plastica, piena di ghiaccio. Il ragazzo tornato indietro, appoggiò le bibite sulla pietra che faceva da tavolo. Il presentatore si avvicinò e chiese per chi le avesse portate:
"Ma i bicchieri dove sono?"
"Noi non usiamo bicchieri." rispose l'altro con un'espressione meravigliata.
"Corri! Vai a prendere dei bicchieri!" gridò dandogli uno schiaffo sulla testa, e a quel punto partì un'altra risata ancora più intensa di quella di prima. Al suo ritorno gli disse: "
 "I tuoi genitori non ti hanno insegnato le buone maniere? Versa la birra nei bicchieri, ignorante!" Le risate diventavano sempre più intense e frequenti, il tizio che versava la birra nei bicchieri di plastica, era in difficoltà, perché la birra a contatto con la plastica produceva tanta schiuma, il bicchiere si

riempiva solo di essa. Mentre stava per dare i bicchieri agli ospiti si accorgeva che la birra non c'era per niente e ricominciava a versare. Le risate avevano invaso il parco, aumentavano in base agli schiaffi che venivano dati a chi versava la birra. Finita la commedia, iniziò il racconto, noi tutti ci avvicinammo alla coppia per sentir meglio, la loro espressione cambiò da sorridente a seria e poi addirittura triste. La loro storia era veramente commovente: avevano perso il lavoro e poi venduto la casa per pagarsi il viaggio dalla Romania, sperando di trovare fortuna qui. Può sembrar strano ma in quel momento mi sentii fortunato perché, anche se poco consolante, mi trovavo in una situazione migliore della loro, dovevo badare solo a me stesso e potevo adeguarmi a qualsiasi tipo di alloggio e inoltre, se per caso fossi dovuto tornare in Romania all'improvviso, avevo sempre e comunque una casa dove andare. Alla fine dello spettacolo si avvicinò un ragazzo di colore, che salutò tutti in rumeno, aveva imparato qualche altra parola, oltre a tutte le parolacce:
"Bongiorno figlio di puttana"
"Chi t'ha insegnato la mia lingua testa di cazzo?" chiese il rumeno
 "Un coglione come te."
Il ragazzo di colore, prima salutava tutti rispettosamente, dopo di che iniziava a insultare con le peggior parolacce, e gli insulti venivano cordialmente scambiati a vicenda, finché tutto si concludeva con una risata da entrambe le parti e il

ragazzo riceveva complimenti per l'ottima conoscenza della lingua.

Si era fatta sera, mi avviai pian piano verso l'altro punto Caritas, dove avrei incontrato i ragazzi della carrozza e il mio amico Giovanni. Dopo cena andammo tutti insieme alla stazione, e gli altri una volta aperta la porta della carrozza notando l'ordine che vi regnava, si girarono tutti verso di me, chiedendomi: "Sei stato tu?" "Sì." risposi sorridendo e aggiunsi: "Non perché fosse necessario ma per il fatto che mi annoiavo." "Caro Dimitri sappi che un posto nella nostra carrozza lo troverai sempre" disse uno dei ragazzi di cui non ricordavo il nome.

Dopo quella piacevole domenica, passai delle settimane senza lavorare nemmeno un giorno, non avevo soldi neanche per comprare le sigarette, per fortuna recuperavo qualche pacchetto facendo, ogni tanto, un taglio di capelli a qualcuno. Il caldo rovente si faceva sentire sempre di più, alcune notti non riuscivo a dormire per niente. La mia necessità di passare del tempo con una ragazza mi tormentava, divenne in breve tempo la mia priorità assoluta, non riuscivo a pensare ad altro, ormai per me era diventata un'ossessione che non mi dava tregua. Sì ma come risolvere il problema? C'era solo una risposta: andare dalle ragazze che si prostituivano. Cosa che squallida solo a pensarci, figuriamoci a metterlo in atto, sarebbe stato disgustoso. In una di quelle sere, chiesi a Giovanni:

"Senti ma tu … cioè non ti manca avere una ragazza o meglio, non hai voglia di passare del tempo con lei?" Giovanni mi fissò per un po' e poi sorridendo mi disse: " Ma certo che ne ho voglia, sarò pure cambiato quasi del tutto ma non ho mica cambiato bandiera, mi piacciono ancora le ragazze. Dai, stasera ti porto in un posto dove ci si diverte, andiamo sul tardi, così ci fanno lo sconto." Chissà perché, non ero molto entusiasta dell'idea".

"Com'è fare sesso con una ragazza che non conosci, che presta il suo corpo per pochi minuti, in cambio di danaro?" gli chiesi.

"Beh, per me è diventato normale, anzi se mi chiedi com'è fare l'amore con la ragazza che amo, ti rispondo che non me ne ricordo più, è passato tanto tempo da allora e oggi non so più cosa si provi." rispose Giovanni un po' tristemente.

"Secondo te vale la pena fare questo tipo di sacrificio, rinunciare a tutto, proprio a tutto, compresa la tua ragazza?" chiesi io provando compassione per lui.

"Dimitri - mi rispose amareggiato - devo finire la casa, mi manca un bel po', se vivessi una vita normale, prendendo una camera in affitto e tutto il resto, spenderei tutti i soldi che guadagno, quindi starei qui solo per far girare l'economia, senza risparmiare un soldo."

"Pensiamo piuttosto al divertimento di questa sera, cerchiamo di dimenticare i problemi", continuai io nel tentativo di distrarlo dalla cruda realtà.

"Sai, in questo posto ci sono tantissime ragazze, però noi possiamo permetterci soltanto quelle di colore, costano meno, le altre sono troppo care" mi disse Giovanni sentendosi un po' umiliato anche in questo campo.

"Tranquillo, è buio, è difficile distinguere!"

"Hai ragione Dimitri, ti stai ambientando proprio bene." rispose, contento di aver trovato in me, per la prima volta, un sostegno.

Qualche ora più tardi arrivammo sul posto di cui mi aveva parlato, c'erano veramente tante ragazze, alte, basse, magre, in carne, insomma per tutti i gusti ma a me non piaceva nessuna, e nonostante fossero poco vestite, anzi praticamente nude, non mi trasmettevano nulla. Sapevano dire soltanto: amore e ventimila. Ventimila, ci stava tutto, era il prezzo della prestazione ma amore no, amore è una parola grossa, ha un significato enorme, vuol dire tutto, vuol dire per sempre, non si può amare solo per dieci minuti, in cambio di denaro. Avrei voluto tanto dire loro: "Questo non è amore ragazze, vi hanno ingannato, l'amore non si vende tantomeno si compra, l'amore si riceve e si dona, l'amore è la cosa più bella che esista, non infangate questa parola, per favore." Era questo che urlavo dentro di me ma loro non capivano l'italiano e anche se avessero capito la lingua, non avrebbero compreso il significato delle mie parole, quindi non dissi nulla.

Dopo alcuni minuti di trattative, Giovanni concluse l'affare, trentamila per entrambi. Le ragazze ci portarono al di fuori dalla strada, dietro una collina, ognuna aveva il suo materasso. Cercai di pensare a qualche scena romantica del passato ma la realtà era troppo diversa, quindi non mi aiutava per niente, provai allora a farmi piacere la ragazza ma non conoscendo nemmeno il suo nome, diventai una macchina, senza trovare il tasto "piacere". Quindi

ero una macchina da guerra, tra una lotta e l'altra vidi Giovanni passarmi vicino, tutto contento, la ragazza mi mostrò l'orologio per farmi capire che il tempo era scaduto, a quel punto ritirai le armi senza aver sparato nemmeno un colpo e dichiarai guerra persa. Giovanni mi chiese:
"Com'è andata?" e facendo finta di niente gli risposi:
"Bene ma non voglio più tornare qui." lui fece un lunga risata e continuò:
"Io lo dico sempre ma dopo qualche settimana cambio idea, ammettendo che poi, no è stato tanto male, passata un'altra settimana ancora inizio a pensare: "Forse dovrei tornare'' passato il mese dico: "Devo andarci'' funziona così amico mio. Per chiudere il discorso gli dissi:
"E' vero, funziona proprio così." Arrivato nella carrozza, mi stesi sul mio lettino prezioso e mi addormentai con un unica soddisfazione, quella del giaciglio dove dormivo.
Verso le due di notte fui svegliato dalla luce abbagliante di una torcia e dai suoni provenienti da una radio che rispondeva al tizio che mi puntava la torcia in viso: "Va bene, allora se ne avete trovati una ventina, vi mando due minivan, d'accordo, passo e chiudo." rispose lui e capii che era un sbirro. "Forza! Svegli! Tutti fuori dalla carrozza con le mani sopra la testa!" continuò il poliziotto con voce minacciosa. Non ero sicuro se stavo sognando o se quella era la realtà, quindi chiesi al ragazzo che mi stava vicino di darmi un pizzicotto "Cosa? Darti un pizzicotto? Ma dico, stai bene?" rispose lui. A quel punto gli diedi uno schiaffo con tutta la mia forza.

"Ma che cavolo ti prende?" disse il povero ragazzo, sempre più convinto che io fossi impazzito: gli avevo dato un ceffone così forte che la mano mi doleva, quindi compresi che non si trattava di un sogno, ma di realtà. Mi sentivo come un topo in un angolo che pur non avendo scampo non smette di pensare a una soluzione per scappare, il cuore batteva così forte che sembrava uscirmi dal petto. Fui l'ultimo a scendere, speravo di sfuggire al poliziotto ma non ci riuscii, mi prese per il braccio e mi accompagnò insieme agli altri alla stazione dove ci aspettavano già due pulmini per portarci in questura. Quando arrivammo, fummo introdotti in una stanza e ci ordinarono di rimanere in piedi, dritti, l'uno accanto all'altro, con le spalle rivolte al muro. Passarono delle ore, la stanchezza si faceva sentire, ogni tanto a qualcuno cedevano le gambe, mentre vinto dal sonno si addormentava in piedi, a quel punto passava uno dei poliziotti che con in mano un manico di una scopa, lo colpiva sulle gambe, dicendo: "Sveglia, animali, siete delle bestie, dormite nelle carrozze come gli animali." Non aveva tutti i torti, anche se l'unica cosa che lo distingueva da noi era la divisa che indossava, un essere umano non può colpire una persona indifesa, abusando del suo potere. Non ci facevano andare nemmeno in bagno continuavano a dire che gli animali si fanno i bisogni addosso.
Ciò che mi colpì fu la disumanità delle persone che indossavano quelle divise, rappresentavano le forze dell'ordine, ma non rispettavano il loro lavoro, tantomeno gli altri e neppure se stessi. La mattina

verso le sette ci condussero al piano inferiore, dove trovammo altre persone arrestate nel corso della notte ladri, tante prostitute e qualche trans, tutti però avevano ricevuto un trattamento diverso dal nostro, stavano seduti e c'era un bagno a loro disposizione. Ero distrutto dalla stanchezza, dopo qualche altra ora di attesa ci portarono in un ufficio non molto distante, al cui interno vi erano una diecina di scrivanie poste l'una accanto all'altra, in cui sedeva un poliziotto in borghese per ciascuna di esse, munito di tesserino. Per noi però, nessuna sedia, sostenemmo l'interrogatorio, ancora in piedi. Uno dei poliziotti mi fece segno di avvicinarmi alla sua scrivania, mentre mi domandava come e quando ero arrivato in Italia, facevo fatica reggermi in piedi, tanto che ebbi un calo di pressione e stavo per perdere l'equilibrio. Mi appoggiai con tre dita dalla mano sull'angolo della sua scrivania, chiusi gli occhi per qualche secondo, giusto il tempo che servì al poliziotto per prendere un righello e colpirmi sulle dita. Spalancai gli occhi dal dolore e dalla sorpresa, ma riuscii a trattenermi, non so con quale forza, non dissi nulla. Mentre lo guardavo negli occhi e cercavo di trasmettergli tutta la mia simpatia lo sentii dire: "Leva 'sto cazzo di mano, lebbroso." Mi arresi, capii che avevano frequentato tutti la stessa scuola, dove la gentilezza o le buone maniere non erano tra le materie insegnate. Alla fine dell'interrogatorio presi il mio foglio di via e uscii dalla questura da uomo libero. Allontanandomi con una camminata notevolmente squilibrata, per la fame, la stanchezza e la rabbia, tornai a riflettere su quello che era successo, e pensai che l'inferno non avesse un luogo preciso fuori dal mondo, ma che in quel momento, fosse proprio lì. Ognuno di noi, appena uscito dalla Questura andava di corsa nel parco per crollare sul prato e dormire, senza nemmeno mangiare.

Passarono quasi due settimane da quella notte, cercavo di dimenticare ma non ci riuscivo, dormivo sempre con il timore di essere svegliato dai poliziotti. Non chiudevamo più la porta della carrozza, così da poter sentire l'arrivo di qualcuno e riuscire a scappare prima che ci potessero di nuovo prendere. Mi mancava ascoltare la musica, che solitamente mi portava in posti migliori e più belli, ma in quel momento, caro lettore, non avrei saputo dove andare, il posto che avevo tanto sognato nella mia immaginazione era diverso da quella sconfortante realtà, era più bello.

Quel giorno stavamo tutti nella carrozza, era ferragosto, e per la prima volta notammo che il tizio della carrozza accanto, lo spacciatore, era seduto a pochi metri di distanza. Pareva assorto a riflettere con le braccia incrociate e una sigaretta fra le labbra, noi tutti lo guardavamo di sottecchi, senza fissarlo. A un certo punto, ci chiese:

"Come va ragazzi?" Su di noi si stese il silenzio totale, anzi alcuni rientrarono addirittura nella carrozza. "Chiedo a voi." Continuò lui girandosi verso di noi con lo sguardo perso tra i pensieri. Giovanni si fece avanti e gli rispose:

"Bene, oggi non si lavora." Dietro quel coraggio si nascondeva una gran paura, notai nel suo atteggiamento un turbamento dipinto di gloria, malamente nascosto.

"Pensa, io non ho mai lavorato, o meglio, non ho mai faticato", disse lo spacciatore, tenendo ancora le braccia incrociate sul petto e fissando il palazzo di fronte, dall'altra parte del recinto. Giovanni si rese conto che aveva iniziato un discorso non facile al quale non era preparato, lo si leggeva negli suoi occhi, e disse,

"Il mio lavoro è faticoso invece, faccio il muratore" ammise con l'aria di uno che non ha la fortuna dalla sua parte.

"E guadagni bene?" gli chiese lo spacciatore, guardandolo negli occhi.

"Beh sì, direi, riesco a prendere fino a ottantamila lire in un giorno."

"Non voglio offenderti mio caro amico ma io ottanta mila lire, le guadagno in un'ora senza spostarmi nemmeno dalla carrozza."

"Beh, bene" Iniziò a balbettare il mio amico.

"Sai di cosa mi occupo?"

"No, non saprei, anzi non ne ho proprio idea."

Giovanni pentitosi di aver iniziato quella conversazione, avrebbe voluto uscirne fuori ma ormai era troppo tardi, perché l'altro lo fissava fra la sfida e l'ironia.

"Vendo la morte. La morte rivestita di felicità."

Giovanni cambiò espressione e riprese a parlare con una determinazione inaspettata e la freddezza di un cronista.

"Cosa si prova a vendere la morte? Cosa provi per quella gente che non riesce a sfuggire all'abbraccio finale, perdendo quindi la vita? Cosa racconterai tu alla morte quando toccherà a te?"

"Non provo nulla, né piacere, né dispiacere, nemmeno compassione, per me quella gente è già morta, morta dentro. Cosa racconterò alla morte? Questa è una bella domanda. Le dirò che siamo soci, solo questo, se vorrà concedermi il tempo di raccontarlo, perché la morte, caro mio amico, non guarda in faccia nessuno, nemmeno i soci." Rispose lo spacciatore con altrettanta freddezza e saggezza. Giovanni si avvicinò a lui e dandogli una pacca sulla spalla gli disse:

"Parliamo d'altro, amico, siamo giovani, la morte può aspettare." Lo spacciatore lo invitò a sedersi vicino a lui e gli chiese:

"Sei sposato? Hai dei figli?" Giovanni tirò fuori il pacchetto di sigarette, ne offrì una allo spacciatore, poi ne prese una anche per sé e solo dopo averla accesa e aver fatto un lungo tiro, gli rispose:

"No, chissà se mai mi sposerò, dopo tutti questi anni di sacrificio, non credo che sarò in grado di essere tenero con una ragazza, farla innamorare, o riuscire io stesso a innamorarmi," parlava dando forma alle parole con l'aiuto del fumo, forme che lentamente svanivano nell'aria, lasciando solo l'odore.

"Io sono sposato invece e ho già tre figli, il più grande ha dodici anni, il secondo sei e l'ultimo soltanto due," continuò lo spacciatore con un'improvvisa malinconia, tenendo fra le dita soltanto il filtro, dal quale si staccò l'ultimo pezzo di tabacco ancora acceso, portando con sé l'ultima scia di fumo.

"Caspita, sarà dura per tua moglie cavarsela da sola con tre figli."

"Ma no compare, ci pensa il mio primogenito alla famiglia."

"Ha soltanto dodici anni, tuo figlio, come fa a mantenere tutta la famiglia?"

"E' in gamba, l'altro giorno ha portato a casa una dozzina di portafogli, ha preso tutto da me." A quel punto Giovanni capì che lui e lo spacciatore non avevano nulla in comune oltre al fatto che entrambi dormivano nei treni. Con una scusa qualsiasi si allontanò da quell'uomo per ritornare verso la nostra carrozza, ma prima che riuscisse a risalire, lo spacciatore lo invitò a tornare indietro e gli regalò una confezione di dieci barattoli di fagioli, altre due confezioni di tonno in scatola, della Coca cola in lattina e della Fanta.

"Prendi, prendi tutto amico, oggi sento il bisogno di essere generoso e voglio esserlo con te," disse lo spacciatore aggiungendo anche una stecca di sigarette contraffatte.

"Ma è tutto quello che hai," rispose l'amico imbarazzato.

"Prendi caro amico, se è vero che Dio, quando compiamo un atto di generosità, perdona i nostri peccati io dovrei donare un treno intero, quindi sì è tutto quello che ho, ma non è abbastanza per scontare i miei peccati."

"Ragazzi, queste cose sono per tutti noi, ce le ha regalate il nostro vicino," disse Giovanni a voce alta.

"Per tutti voi," confermò l'altro. A quel punto, dall'interno della carrozza si sentirono dei ringraziamenti, alcuni a voce alta, altri invece appena sussurrati e infine si udì un grazie con punto interrogativo:

"Grazie di cosa?" A parlare fu uno dei ragazzi appena svegliatosi, che ignaro della situazione, chiedeva spiegazioni, non comprendeva perché tutti stavamo ringraziando chi e per cosa.

Ringrazia e basta, poi ti spiego." Si sentì una voce proveniente da uno degli angoli della carrozza.

"Va bene allora grazie anche se non so per cosa," continuò il dormiglione. Lo spacciatore si mise a ridere e dando una pacca sulla spalla dell'amico si allontanò dicendogli:

"E' stato un piacere fare due chiacchiere con te, compare." Giovanni gli rispose, anche se non era convinto del tutto:

"Anche per me lo è stato."

Quando lo spacciatore se ne andò, tutti si radunarono intorno alle cose regalate e ognuno esclamò:

"Ragazzi quanta roba!" poi qualcuno disse:

"Stasera non si va alla Caritas, mangiamo qui, che bello!" Un altro aggiunse a voce alta:

"Non abbiamo il pane ragazzi!" e subito, una voce debole parlò con una proposta forte:

"Vado io a comprare il pane."

All'ora di cena preparammo una bella tavola, proprio come si suole fare nelle famiglie numerose in un giorno di festa, improvvisando un tavolo con delle scatole di cartone, coperte con da un pezzo di stoffa gialla che sostituiva la tovaglia. Non mancava nulla. C'era di tutto. Ci guardammo negli occhi e sfregandoci le mani decidemmo di iniziare a cenare, ognuno prese in una mano la propria scatola di tonno e con l'altra un pezzo di pane, che si sostituì alla forchetta. Ebbi solo il tempo di inzuppare il pane nella scatola di tonno per assorbire tutto quell'olio d'oliva profumatissimo di pesce, senza però poterlo mai assaggiare perché dalle carrozze vicine, la gente iniziò a scappare urlando si elevarono urla: "C'è la polizia, correte! Scappate!" Senza riflettere un secondo, gettai a terra la scatoletta di tonno e anche il pane, ma invece di uscire e iniziare a scappare, mi nascosi in un angolo della carrozza, stendendomi per terra e coprendomi con un mucchio di vestiti . Li sentivo avvicinare, dal suono delle loro trasmittenti: i poliziotti si fermarono davanti alla nostra carrozza e guardando all'interno dissero: "Sono scappati tutti, vai a controllare se c'è della droga, verifica bene, dappertutto, in ogni angolo, se non la troviamo sono fottuto, è stata mia l'idea di agire durante il giorno." Sentii i lamenti di chi faticava a salire nella carrozza e poi ancora: Che cavolo qui c'è del tonno per terra, sui materassi persino sui vestiti, ma che razza di animali sono questi?" Non sapevo cosa fare, uscire allo scoperto da solo o rischiare fino in fondo, a malapena riuscivo a controllare il respiro che aumentava insieme ai battiti del cuore.

Il poliziotto era ormai vicinissimo al punto in cui ero nascosto, quando all'improvviso qualcuno lo chiamò:

"Scendi, scendi subito, abbiamo un morto, ci mancava solo questo, adesso sono fottuto davvero." Il poliziotto arretrò bestemmiando e poi chiese all'altro:

"Come cavolo è morto?"

"Investito dal treno in transito che passava sul binario accanto, mentre cercava di scapare, questo è un bel guaio, adesso dobbiamo aspettare che arrivi il prefetto."   "Io l'avevo detto di venire durante la notte, mentre dormivano. Adesso non soltanto sono scappati quasi tutti ma abbiamo anche un morto."

I poliziotti si fermarono vicino alla carrozza per più di due ore, io non potevo muovermi per niente, anche se una zanzara svolgeva la sua degustazione indisturbata, su diverse parti del mio corpo. Dalle comunicazioni con la centrale attraverso le radio trasmittenti, capii che il morto era proprio lo spacciatore, e mi sentii gelare il sangue nelle vene. Il suo insolito comportamento aveva assunto un senso, parlare della morte, dei peccati, compiere un atto di generosità. La prima cosa che mi venne in mente fu la sua risposta su ciò che un giorno, avrebbe detto alla morte: "Le dirò che siamo soci, se mi darà il tempo, perché la morte non guarda in faccia nessuno, nemmeno i soci." Avrà avuto il tempo di dire qualcosa alla morte oppure si sarà trovato tra le sue braccia senza nemmeno accorgersene? Chissà come e quando, la sua famiglia avrebbe saputo della perdita. Di certo quell'uomo non era un bell'esempio per la società, ma per i suoi figli sicuramente era il miglior padre del mondo, come per la moglie un buon marito che faceva dei sacrifici per loro. "Addio caro vicino – pensai - e grazie per tutte le cose che ci hai regalato, che la tua anima, possa riposare in pace."

Era ormai notte quando finalmente i poliziotti se ne andarono , scesi dalla carrozza, ancora con la paura addosso di trovare qualcuno pronto per prelevarmi e accompagnarmi in questura. Cominciavo a odiare quel posto, mi allontanai senza sapere dove andare, solo il più lontano possibile, lontano da tutto e soprattutto da tutti. Infine, non so come, sono finito in un vigneto; lì cominciavo a sentirmi tranquillo, mi fermai vicino alla strada, presi alcune foglie da una pianta, le misi per terra e poi mi ci stesi sopra. La luna mi stava addosso, sorridente. Sei proprio bella - le dissi - appartieni a tutti ma allo stesso tempo non sei proprietà di nessuno, ti hanno dedicato canzoni, poesie, sonate, promesso amore eterno eppure sei rimasta sulle tue. La solitudine è brutta, ne sai qualcosa. Un po' ti invidio, sai? Ma non per la tua bellezza, piuttosto per la tua forza e la tua indifferenza. Non sono un poeta e non lo sono mai stato, giuro.
Finora non mi sono azzardato a comporre versi con rime.

Per te cara Luna, provo un amore sublime.
Sei l'unica cosa che mi sia rimasta.
Ho perso la testa, basta.
Ti chiudi in te stessa, non ti racconti mai.
Sarai pure depressa, ma i pianti non li fai.
Un bel caratterino è il tuo, cara Luna.
Quindi essere sola è anche una fortuna.
Ti mostri tutta quanta quando ti gira bene.
Sei sempre splendente in mezzo alle stelle.
Se poi ti gira male manco ti fai vedere.

Lasci tutta la scena in mano alle stelle.
Fai arrossire Venere, una delle più belle.
Saranno pure tante, manco le puoi contare.
Ma la tua parte nessuna la può recitare.
Senza di te in mezzo a loro.
E' come il maestro senza il coro.

Mi sono addormentato guardando il cielo, ospite della natura libera. La mattina seguente, quando l'alba mi svegliò, mi sentivo perso, non avevo idea di dove fossi finito e di quanto mi fossi allontanato dalla stazione.

Infine trovai la strada per la Caritas, i miei compagni, quelli della carrozza, stavano tutti là, alcuni di loro erano riusciti a scappare e altri erano stati portati in questura, e avevano passato una nottata infernale.

"Eravamo preoccupati per te," disse Giovanni. "Non sei scappato insieme a noi e non stavi nemmeno con gli altri in questura, ci hai fatto prendere un colpo," continuò dandomi una pacca sulla spalla.

"Mi dispiace ragazzi ma non me la sentivo di correre e tantomeno di passare un'altra notte in questura," dissi, scusandomi per averli fatti preoccupare.

"Mah, allora cosa hai fatto?" chiese uno di loro, incuriosito. Spiegai come ero riuscito a sfuggire ai poliziotti e poi come avevo passato la notte.

"Cavolo, non avrei mai pensato di nascondermi dentro la carrozza, così' come non ho mai dormito in un campo aperto, comunque hai passato la notte meglio di noi, che siamo stati trascinati in questura, almeno tu hai dormito!"

"Guardate! C'è una ragazza nel parco!" disse uno di loro. Mi girai e la vidi. Aveva dei bei capelli neri, lisci e lucidi che mettevano ancor di più in evidenza il suo bellissimo viso, che era dipinto con il colore dalla disperazione, ma nulla poteva coprirne il fascino, quasi artificiale, per quanto era perfetta. Il vento soffiava delicatamente sui suoi lunghi capelli, coprendole una parte del viso come per nasconderlo al mio sguardo incantato.

Dio, quanto sei bella. Come sei finita qui? Rischi di diventare presto una preda facile in questa giungla umana, dissi tra me e me.

Mi piaceva tanto e volevo conquistarla, ma non era facile: mettendomi le mani nei capelli abbassai la testa per riflettere, continuando a parlare tra me e me. *Sarà un'impresa impossibile, rimarrò deluso, ci sono almeno cento ragazzi, bei ragazzi, pronti a conquistarla, perché dovrebbe scegliere proprio me? Mi farò solo del male.*

La cercai di nuovo con lo sguardo ma non la trovai. Avevo paura che se ne fosse andata, invece si era soltanto spostata di qualche metro e di lì a poco spuntò fuori di nuovo. Continuavo a guardarla con interesse, cercando però di non essere visto. Conoscevo uno dei ragazzi che le stava intorno, e pensai che avrei potuto chiedere a lui qualche informazione su come fosse finita a Roma e soprattutto, se era sola. Ero ansioso di sapere più cose su di lei, anzi, volevo sapere tutto. Avrei voluto subito raggiungerla parlarle, chiederle mille cose, ma dopo una riflessione più seria pensai che sarebbe stato meglio aspettare. Solo dopo aver avuto delle informazioni avrei potuto mettere in azione un piano studiato nei minimi dettagli, un piano che speravo infallibile. Conquistarla mi pareva improvvisamente la cosa più importante di tutte. La sera stessa scoprii dal ragazzo che la conosceva che era sola, stava insieme a una signora, che come lei, era stata vittima di un gesto squallido: nessuno si era presentato all'arrivo del pullman per prelevarle ed accoglierle come promesso prima dalla partenza. Io avevo fatto la stessa esperienza, e potevo ben capire quello che avevano provato.

Ero nella carrozza, steso sul materasso, e pensavo a lei, la pensavo con tale intensità che non mi accorgevo più di quello che mi circondava. Era bella, così bella da farmi sognare a occhi aperti, tanto da farmi persino dimenticare che ormai, ero diventato un barbone. La coda di un treno in transito fece oscillare la nostra carrozza, e mi richiamò alla realtà. Giovanni mi fissava sconcertato: "Sei ancora tra noi?" chiese "Ma certo" replicai io, "stavo soltanto riflettendo."

"Che mi racconti della ragazza?"

"Quale ragazza?" risposi, seccato.

"Quella che avevi visto nel parco."

"Non l'ho più incontrata, avrà trovato già una sistemazione". E se fosse stato vero?

Magari aveva trovato lavoro, e io non l'avrei più vista.

Dovevo assolutamente distrarmi, pensare ad altro, e parlai con Giovanni delle avventure più assurde, di quando facevamo il militare, delle uscite di nascosto dalla caserma per andare in discoteca, in particolare di quella volta in cui, al rientro in caserma, davanti alla porta del dormitorio, ci aspettava l'ufficiale di turno.

"Ben tornati, vi siete divertiti? Spero di sì perché adesso inizio a divertirmi anch'io. Vediamo, cosa potrebbe impedirvi di uscire senza il mio permesso? Sì, sì ho trovato. Chi di voi sa dove si trova l'infermeria?" aveva chiesto il Tenente, sfregandosi le mani, ansioso di mettere in pratica quello che aveva appena progettato.

"Io Signore"- rispose il mio amico, e aggiunse: "L'infermiere è un mio compaesano, Signore."

"Ancora meglio soldato, la tua risposta mi rassicura, so che mi porterai in fretta quello che mi occorre". Giovanni era orgoglioso di rendersi utile e in più sperava che gli venisse scontata la pena, almeno in parte. "Bene soldato, hai cinque minuti a disposizione, per andare in infermeria e farti dare, dal tuo paesano, il rasoio elettrico". disse il Tenente, con aria molto soddisfatta "Agli ordini Signore". L'amico lo salutò rispettosamente, si girò con una pirouette quasi artistica e iniziò a correre. "Attenzione alle sentinelle soldato! Sei in borghese, ti possono scambiare per un intruso, cerca di tornare vivo!" Il Tenente si divertiva più che mai. "Non ho mai avuto una nottata così piacevole in tutta la mia carriera, peccato che non posso condividere con voi questa gioia. Su con il morale, mi dispiace quasi vedervi così abbattuti, tranquilli, non morirà nessuno. Fatemi vedere le vostre chiome, i vostri capelli, voglio fare una stima di quanto tempo impiegherò a lasciare le vostre teste nude." Proprio in quel momento tornò il mio amico con un fiatone tale che faticava nel parlare. "Signore vi ho portato il rasoio con tutte le misure di taglio." "Mi occorre solo il rasoio, grazie." rispose il Tenente eccitato.

"Che la festa abbia inizio! Chi vuole essere il primo? Così potrà andare a dormire subito."

Nessuno di noi si fece avanti, non avevamo ancora sonno. "Allora tocca a me decidere, dunque, iniziamo da chi ha i capelli più lunghi, questo sarà l'ordine," Ci guardò con la massima attenzione e poi ci mise in ordine, in fila e iniziò a rasare le teste con grande slancio di mestiere. I capelli caddero senza lamento alcuno, passando a miglior vita, senza sofferenza. Tre settimane dopo, i capelli tornavano timidamente a spuntare sulle le nostre teste. Eravamo pronti a riprendere le nostre vecchie abitudini, a uscire di nascosto, ma mai quando era di guardia il Tenente.

Ci mettemmo a ridere e l'amico mi disse: "bei ricordi Dimitri, sembra ieri, eppure sono passati tre anni." "E' tardi" – aggiunsi - "andiamo a dormire."

Si era fatta di nuovo sera, arrivammo alla stazione, ma la nostra carrozza non c'era più, l'intero convoglio era sparito.

"Cazzo c'hanno portato via la casa!" esclamò uno di noi, scatenando l'ilarità di tutti, sebbene non sapessimo più dove andare a dormire. Il mio amico mi disse:

"Ti ricordi la casa nella quale abbiamo preso la tenda per te?."

 "Certo!"

"Andiamo a dormire la."

“Ma c'era soltanto un letto e noi siamo in sette.”

“Faremo a turno, l’importante è che restiamo tutti insieme.” Entrammo nella casa, era tutto in disordine, non si riusciva a vedere il pavimento, perché totalmente coperto di vestiti e piatti di plastica sporchi, in mezzo alla camera c'era un fornelletto a gas con sopra una padella piena di resti di cibo.

“Che razza di topaia è questa?” Disse il cugino di Giovanni.

“Non dobbiamo restare a lungo, solo il tempo necessario per trovare un’altra sistemazione,” disse Giovanni – “Io e loro tre dormiamo sul letto per quattro o cinque ore, dopodiché facciamo il cambio con voi che dormite per terra.” Ci mettemmo in quattro sdraiati di traverso sul letto: io, Giovanni, un altro ragazzo e il cugino di Giovanni, che era un pugile e da solo ne occupava la metà; gli altri tre si erano sistemati per terra, sopra dei vestiti ammucchiati. Non riuscivo a prendere sonno, faceva troppo caldo e stavamo proprio stretti sul materasso, appiccicati. Mi alzai e chiesi a quelli che stavano per terra chi volesse fare il cambio, il più vicino si alzò e andò di corsa sul letto senza dire una parola. Mi stesi sul pavimento con le braccia aperte per prendere più aria possibile e far asciugare il sudore. Mi svegliai sentendo dei rumori vicino alla porta, provenivano dall'esterno, poi un tizio aprì la porta ed esclamò con accento non italiano:

“Che cazzo fate qui? Questa è casa mia!” Era alto, magro di carnagione scura, aveva sui trent’anni o poco più. Rimase in piedi vicino alla porta per alcuni

secondi e poi urlando con tutte le sue forze disse: "Uscite fuori tutti, subito!" Il pugile non capiva l'italiano e chiese a Giovanni:
"Ma cosa dice questo, cosa vuole?"
"Dice che dobbiamo uscire fuori, che la casa è sua."
"La casa era sua, adesso è diventata nostra." continuò il pugile alzandosi di scatto, per raggiungere il padrone di casa Lo prese per il collo con una mano sola, strinse finche non sentì più delle urla ma soltanto dei lamenti di soffocamento e lo spinse fuori dalla casa chiudendo la porta dietro di lui. Il mio amico e tutti gli altri rimasero senza parole. "Non mi deve rompere l'anima mentre dormo," disse il pugile con l'aria da eroe, rimettendosi così a dormire. Il padrone di casa, furioso stava spostando delle scatole al di fuori della casa e brontolava nella sua lingua. Dopo cinque minuti o forse meno rientrò, questa volta con una pistola in mano.
"Scendete dal letto, sennò v'ammazzo tutti!" Il pugile si rialzò di scatto ma fu fermato da Giovanni.
"Stai buono, ha una pistola in mano."
"Alzatevi dal letto! Anzi visto che ci siete, alzate anche il materasso!" ordinò il tizio con la pistola. Giovanni chiese al pugile di dargli una mano ad alzare il materasso. Sotto il quale c'era della droga e pure tanta, il tizio prese la sua roba e poi avvicinò la pistola al mento del pugile e gli sussurrò al orecchio:
"Oggi è il tuo giorno fortunato, quindi non ti sparo"
Mentre usciva disse:

"Adesso potete dormire, coglioni!", ma noi restammo svegli fino all'alba a parlare di quello che era accaduto.

Il mattino dopo, come per miracolo, ritrovammo la nostra carrozza, nello stesso posto, con tutta la nostra roba dentro.

Durante quella settimana incontrai alla Caritas i ragazzi che qualche mese prima dormivano insieme a me, dentro le macchine, dallo sfasciacarrozze e mi dissero che forse si sarebbe liberato un posto di lavoro nel loro cantiere. Fissammo l'appuntamento per la domenica seguente all'ora di cena nello stesso punto Caritas, e i giorni, in attesa di quel momento, passarono in fretta. All'ora di pranzo di domenica, però, incontrai per caso la ragazza che mi piaceva. Anche se non era il momento né il luogo adatto per rimorchiare, mi avvicinai comunque da lei, parlammo per un bel po', quindi mi disse che sarebbe dovuta tornare a casa da un suo conoscente che l'avrebbe ospitata per qualche giorno. Le chiesi se avrebbe fatto ritorno a Roma la settimana seguente. Lei mi rispose

"Non credo, è abbastanza lontano e io non ho molta confidenza con i mezzi pubblici."

"Come si chiama questo posto?" insistetti io.

 "Ostia"

"Beh, c'è il mare a Ostia, se vuoi ti accompagno, facciamo una passeggiata sulla spiaggia, adoro camminare e sentire l'odore del mare." Lei accettò subito, e in quel momento mi ricordai dell'appuntamento con i ragazzi, per l'ora di cena alla Caritas. Dovevo decidere in fretta, lavoro o la ragazza, certo il lavoro era importantissimo ma la ragazza mi piaceva e pure tanto. Decisi di accompagnarla, pensando che con un pizzico di fortuna avrei fatto in tempo a incontrare anche i ragazzi. "Ok, possiamo andare, devi salutare qualcuno?" Ero un po' seccato dal fatto di dover scegliere tra lei e il lavoro. Da quando ero arrivato in Italia non era successo mai qualcosa di così importante, ed era assurdo che proprio in quella domenica dovesse accadere tutto. Mi sentivo felicissimo di passare un pomeriggio insieme a lei, ma devo ammettere che il pensiero di un lavoro fisso cercato così disperatamente, e che mi avrebbe cambiato la vita, mi affliggeva. Arrivammo sul lungo mare, era la prima volta che mi trovavo in compagnia di una ragazza in un posto così bello, sentivo il cuore battere per lei e dall'altra parte della strada il lamento delle onde del mare che sbattevano contro gli scogli.

"Perché guardi l'orologio ogni cinque minuti?" Mi chiese lei sorridendo.

"Perché vorrei che questa giornata non avesse mai fine." risposi, facendole capire che mi piaceva." Sorrise e basta, non disse nulla, ma in quel sorriso c'era una gentilezza che mi confuse. Guardammo insieme il tramonto, il sole venne inghiottito dal mare in una manciata di secondi, uno spettacolo straordinario, e a quel punto le dissi che dovevo tornare a Roma e le diedi appuntamento la domenica dopo. Appena voltato l'angolo, iniziai a correre con tutte le mie forze, fino alla stazione, e saltai sul primo treno, anche se era affollato. Arrivai alla stazione Termini e da li iniziai a correre di nuovo, ma arrivato alla Caritas non trovai nessuno, ormai era troppo tardi. Mi dispiaceva tanto, non soltanto per aver perso il posto di lavoro, ma perché avevo sicuramente deluso i ragazzi, giocandomi la loro fiducia. Li incontrai qualche giorno dopo e cercai di spiegare loro il motivo per quale non mi ero presentato all'appuntamento, ma mi interruppero bruscamente: "Ti abbiamo aspettato fino all'ora di chiusura, peccato, hai perso un posto di lavoro fisso, ci vediamo amico, andiamo di fretta."

La domenica successiva incontrai nuovamente la ragazza, era preoccupata, perché non poteva più rimanere in quella casa, non lavorava e quindi non era in grado di pagare la sua parte d'affitto, e in più non aveva alternativa, non sapeva dove altro andare. La portai in un ostello della Gioventù gestito dalle suore alle quali dissi che era mia cugina, che arrivata in Italia per una gara di Judo, aveva poi deciso di rimanere in Italia, ma che io, dormendo dentro ai treni, non ero in grado di ospitarla.

Avevo detto una bugia in un luogo sacro ma non avevo scelta, come potevo rivelare alle suore che era giunta qui da sola? E poi di noi due? Era la mia ragazza? Non ne avevamo mai parlato e di certo non era quello il momento di farlo. Prima di entrare nell'ostello dalle suore, mi aveva chiesto perché lo facessi ovvero perché mi prendessi cura di lei. Le risposi semplicemente:

"'So cosa si prova a finire delusi per una promessa non mantenuta e poi tu sei una ragazza, nel giro di pochi giorni finiresti per prostituirti su qualche strada di periferia, costretta da qualcuno." Mi abbracciò forte - che brivido avvertire il suo calore, mi sentivo vivo più che mai, il cuore batteva forte e quando le mie labbra toccarono le sue, ero il barbone più felice del mondo.

"Non ti preoccupare, passerò tutte le volte che potrò e quando non riuscirò a venire ti chiamerò, non ti lascerò sola, tranquilla cuginetta."

Certo potevo risparmiarmelo quel "cuginetta" ma strapparle un sorriso, soprattutto in quei momenti drammatici, non guastava di certo.

Ringraziai le suore per l'aiuto, dandole appuntamento per l'indomani.

Uscì dall'ostello, percependo ancora addosso a me il suo profumo, ero incredibilmente felice per averla aiutata, l'avrei rivista ancora.

L'indomani andai da lei con dei cioccolatini, che ho potuto comprare perché avevo fatto due tagli di capelli e invece di farmi ripagare con delle sigarette presi i soldi. Ero confuso, il mio comportamento tradiva il sentimento che provavo, ma la presenza delle suore imponeva un rigore ben diverso.

Grazie alle suore, Mina trovò una sistemazione in meno di una settimana, le proposero di assistere una signora anziana, quindi l'accompagnai presso l'abitazione dell'anziana a cui le suore avevano detto che ero suo cugino. Andavo a trovarla ogni domenica perché quello era il suo giorno libero.. Stavamo insieme ormai, e la mia impressione era che a legarci ci fosse ben più di un semplice flirt, qualcosa stava maturando. I problemi che dovevamo affrontare, ci obbligavano a crescere in fretta, la nostra giovinezza stava svanendo troppo presto.

Un giorno, Mina iniziò a raccontarmi il suo passato, e di colpo, quando mi rivelò di aver già amato un altro, fui colto da una vampata di gelosia, il suo cuore era già stato occupato, il mio invece no, in attesa dell'unica donna che da sempre aspettavo e che in passato non avevo mai incontrato. Lei stava aprendo le porte del mio cuore senza nemmeno bussare. Mi chiese di parlarle del mio passato anche se le avevo detto che non c'era mai stato niente di serio, con la curiosità propria delle donne.

"Dai, su, non sembri un ragazzo timido, chissà quante storie hai avuto."

"Niente di speciale, e poi che importanza ha? Fa parte del passato, adesso siamo qui e dobbiamo concentrarci sul futuro."

Il mio passato rispecchiava la persona che ero stato, non quella che volevo diventare, dove c'era posto solo per noi due, insieme.

Era metà settembre quando Giovanni mi diede la bella notizia: avrei lavorato insieme a lui nello stesso cantiere come manovale. Che bello! Il tempo volava, aspettavo la domenica con ansia non vedevo l'ora di incontrare lei, Mina. Con l'arrivo di novembre però, cominciarono le piogge pesanti che a volte duravano anche una settimana, così continuare a vivere nei treni, diventava sempre più insopportabile, la sera soprattutto, quando tornato dal lavoro, non trovavo un luogo caldo e asciutto, non potevo farmi una doccia bollente, né rilassarmi. Avevo trovato lavoro per un tempo abbastanza lungo, ma non tanto per potermi permettere un posto letto, tantomeno una camera in affitto. Le notti diventavano sempre più fredde.

Un giorno in cui non lavoravo, il mio amico mi suggerì di andare nella chiesa vicino alla metro Rebibbia, per farmi dare qualche coperta di lana, visto che quello era l'unico posto in cui venivano offerte. La sera spostammo tutti i materassi e li mettemmo l'uno accanto all'altro, in fondo alla carrozza, e coprimmo le pareti intorno con dei vestiti, fissandoli con dei chiodi, per non fare entrare il freddo. Prendemmo tutte le coperte, e cucendole insieme formammo una coperta abbastanza grande da coprirci tutti. Dormivamo l'uno vicino all'altro per riscaldarci. Quando il freddo era tanto, e diventava impossibile resistere, dormivamo sul fianco, uno attaccato all'altro, per poi svegliarci insieme e girarci dall'altra parte.

In una di quelle notti, sentivo tanto freddo, anche se stavamo appiccicati uno all'altro. Appena mi addormentai, sognai di essere a casa: ero ancora piccolo e dormivo insieme a mio padre. Lo svegliai e gli dissi: "Papà sento freddo, accendi il fuoco nella stufa, per favore?". Senza dirmi nulla lui si alzò, accese per prima la lampada a petrolio, e portò la fiamma al minimo per non dare fastidio a mia madre che dormiva, nel letto accanto al nostro, e poi soffiò sul fiammifero ancora acceso e lo gettò nella stufa. Alzò i pantaloni del pigiama fino a metà della pancia e poi abbassò la maglietta tirandola con cura. Prese un vecchio giornale lo arrotolò fino a farlo diventare un bastone, lo piegò a metà e lo infilò nella stufa, ci mise sopra dei pezzettini di legno sottili e poi aggiunse dell'altra legna più grossa. Accese la carta, chiuse la porticine della stufa e tornò a letto, si addormentò all'istante, iniziando a russare peggio di un cinghiale. Alcuni minuti dopo, la fiamma della lampada a petrolio si spense, sulle pareti si proiettava la luce proveniente dalle fessure della stufa, e si sentiva il rumore del fuoco che ogni tanto produceva dei piccoli scoppi per la legna troppo secca. Aspettavo con ansia di sentire l'aria calda proveniente dalla stufa ma fui svegliato da uno dei ragazzi, era arrivato il momento di girarci sull'altro lato.

Prima delle feste natalizie decisi di cercare una camera in affitto, perché volevo passare questo periodo insieme alla mia ragazza. Era contentissima Mina, mi aveva proposto diverse volte di prestarmi dei soldi appunto per poter pagare l'affitto ma io troppo orgoglioso per accettare, avevo sempre rifiutato. Mancava solo una settimana a Natale, e ancora non ero riuscito a trovare casa. Per puro caso incontrai Giorgio il fratello di Alex il ragazzo che aveva viaggiato con me per venire in Italia, il quale ci invitò a trascorre il Natale da lui. Per la prima volta passai la notte insieme , a Mina. Che bel ricordo!

Il giorno dopo lei mi rivelò che l'avevo tenuta abbracciata per tutta la notte senza mai mollare la presa! Fu una notte indimenticabile, era proprio bello condurre una vita normale, avere un posto dove vivere indisturbati. Quella sera, Giorgio, mi propose di cercare una casa a Roma insieme a lui e ai suoi due fratelli, e me sembrò un'ottima idea, anzi non vedevo l'ora di realizzarla. Quando tornai nella carrozza, c'era del vino dappertutto, una puzza insopportabile, alcuni ragazzi infatti, avevano festeggiato il Natale chiusi lì dentro, spegnendo la loro sofferenza con qualche fiasco di vino, trovando così un po' d'allegria.. ma io ormai ci stavo malissimo.

Nel mese di gennaio trovammo finalmente casa, e così salutai Giovanni con un abbraccio forte e mi trasferì in fretta, addio treni merci, addio vita da barbone, Caritas, poliziotti e notti passate in questura!

Capitolo 3
Ritorno alla vita normale

Mi pareva così strano tornare a vivere in una casa, quello stile di vita mi era quasi estraneo, dovevo paradossalmente riabituarmi al confort e a tutte le piccole comodità. L' appartamento era piccolo ma accogliente, composto da una camera da letto molto grande dove c'erano due letti a castello, un grande armadio e due comodini, il televisore era appoggiato su un mobiletto nero con due sportelletti di vetro oscurato, le tende, arricciate e scolorite da tempo, lasciavano intravedere un enorme balcone. Il bagno era nuovo, la doccia di vetro quasi trasparente con una sfumatura leggera di blu che si intonava con le mattonelle, era priva di macchie di calcare, i rubinetti con i loro riflessi di luce davano un tocco di pulito immacolato, c'era persino una lavatrice, usata ma in buono stato. La cucina spaziosa, con tanti mobili, recava al centro un tavolo con sei sedie, pareva in buone condizioni, si sentiva solo un leggero odore di fritto, che proveniva dalle tende ingiallite, impregnate dal grasso. Un oscuro, lungo corridoio congiungeva l'ingresso al resto della casa.
Mi sono ampliato nel descrivere pur nella sua grande semplicità, la mia prima casa italiana, perché mi dava la sensazione di non essere più forestiero. Finalmente potevo iniziare a realizzare i miei sogni.
Mentre stavo in camera da letto a discutere con i fratelli più piccoli, che non volevano dormire sui letti a castello perché privi di comodini, mi sentii

chiamare da Giorgio, che mi invitava a raggiungerlo in cucina.

"Ti bastano questi cassetti?" mi chiese.

"Sono pure troppi, visto che non possiedo nulla." risposi sorridendo.

"Dai, piano piano comprerai tutto quello che ti serve, per adesso però puoi usare le nostre padelle, posate e i piatti, devi acquistare soltanto gli alimenti o se preferisci, cuciniamo insieme e poi dividiamo la spesa."

"Ottima idea quella di cucinare insieme e poi dividere la spesa, mi piace, per me va bene!"

"Ok, adesso cerchiamo di mettere tutto in ordine, tra meno di un'ora arriverà la proprietaria dell'appartamento per conoscervi", continuò lui mentre iniziava a sistemare le prime cose.

Il tintinnio del citofono annunciò l'arrivo della proprietaria.

"Ragazzi!" esclamò Giorgio andando ad aprire la porta. "Preparatevi, sta arrivando."

Era una signora sui cinquant'anni, aveva dei lunghi capelli biondi, un viso allegro e indossava dei vestiti giovanili che lasciavano una scia di profumo.

"Allora, mi presenti questi ragazzi?" chiese al fratello maggiore, con molta allegria, dopo averlo salutato.

"Loro due sono i piccoli di casa, e lui è un nostro paesano e amico."

"Lavorano tutti?" domandò la signora con gentilezza

"Tutti tranne lui." rispose indicando me.

"Ti piacerebbe lavorare in un ristorante, giovanotto?" mi chiese la signora, guardandomi negli occhi e sorridendomi.

"Ma certo, magari," risposi con il viso illuminato dalla felicità.

"Oggi stesso chiamo il mio ex marito, gli chiedo se ha ancora bisogno di un lavapiatti e poi ti faccio sapere," continuò, mettendomi una mano sulla spalla per farmi sentire a mio agio.

"Che bello" – pensai felice – "Una persona che si preoccupa di me."

 "Mi raccomando, non fate chiasso, soprattutto la sera e durante la notte. I vicini non sono molto simpatici," precisò dirigendosi verso l'uscita.

Prima però la sentì dire al fratello maggiore: "Sono dei bravi ragazzi, mi piacciono, facciamoli lavorare."

Arrivò l'attesissimo momento della doccia, e io ebbi l'onore di farla per primo, sentivo l'acqua calda scendere con tanta pressione sulla pelle, mi giravo lentamente per farla scorrere su tutto il corpo, passai il sapone in fretta e riaprii il rubinetto, l'acqua sembrava ammorbidire la pelle tesa, come se fosse un massaggio, avrei voluto che quel momento non finisse mai. Finita la doccia indossai il mio nuovo pigiama e infilandomi nel letto tra le lenzuola pulite, avvertii appena appena il tepore dal termosifone vicino alla finestra. Non desideravo nient'altro. Nulla avrebbe potuto rendermi più felice in quel momento, quelle piccole cose, che per quasi tutti erano scontate, per me rappresentavo tutto, una grande conquista.

Quella sera siamo rimasti a parlare a bassa voce fino a tardi, chiesi se avevano notizie della loro vicina di casa al paese, e poi raccontai loro come l'avevo conosciuta:

L'estate era appena iniziata, i miei genitori erano andati a lavorare come sempre nei campi di grano. Ero bambino, presi la chitarra di mio fratello e mi sedetti in giardino sotto un albero. Il silenzio venne interrotto dal suono delle corde, sulle quali, con la mano destra, passavo il plettro con un ritmo ben preciso, mentre al contempo con la mano sinistra cambiavo gli accordi. Non mi stancavo mai di suonare quella canzone, era la mia preferita, spesso ripetevo soltanto la melodia senza nemmeno cantare i versi. Quando la ascoltavo mi trasmetteva delle forti emozioni, sentivo persino l'anima danzare.

Il tempo volava insieme alle note, anche se privo di ritornello, andava ben deciso senza mai fermarsi. Quando le punte delle mie dita erano quasi tagliate dalle corde metalliche, smisi di suonare, solo allora tornai alla realtà, entrai in casa di corsa, poggiai la chitarra e controllai l'ora. Era tardi. Dovevo ancora fare tutti i compiti, quindi tirai fuori dallo zaino quello che mi occorreva e lo appoggiai sul tavolo. Tutto era pronto, tranne me, ogni scusa sembrava ottima per perdere ancora tempo. Passai la punta della matita ormai consumata, nel temperino, e così, una dopo l'altra, le appuntai tutte, sperando che prima di arrivare alla fine, se ne rompessero altre, in modo da poter perdere ancora tempo! Finito questo lavoretto, la voglia di studiare si faceva ancora desiderare. Non avevo sete ma andai lo stesso in cucina a bere dell'acqua, poi mi sedetti alla scrivania e trovai la sedia troppo scomoda, presi un cuscino, e mi ci sedetti sopra, era tutto perfetto, anzi troppo perfetto, stavo talmente comodo che mi addormentai con la guancia appoggiata sul quaderno. Fui svegliato dal cane che abbaiava vicino al cancello, uscii e vidi qualcuno dall'altra parte di esso, mi avvicinai e trovai una signora. Aveva il viso dolce anche se scavato dalle rughe profonde, mentre sistemava i suoi capelli bianchi sotto il velo che si era allentato mi salutò: "Buongiorno ragazzino, come ti chiami?"

"Mi chiamo Dimitri." le risposi.

"Che bel nome, quanti anni hai?" continuò.

"Ne compio sette quest'anno." risposi con gli occhi aperti soltanto a metà.

"Sai che sei un bel bambino?" mi confessò sorridente. Alzai con fatica le palpebre ancora appesantite dal sonno e cercai di sorriderle per il complimento che mi aveva appena fatto.

"Potresti portarmi un po' d'acqua, per favore? Ho tanta sete," mi chiese con la sua voce calda, mentre poggiava per terra la zappa che teneva sulla spalla.

"Le porto un po' di vino? Papà dice sempre che ridona forza quando si è stanchi e lei mi sembra molto affaticata," proposi, convinto che avrebbe accettato.

"Sei molto generoso piccoletto, e il tuo papà ha proprio ragione ma io ho bisogno solo di un po' d'acqua fresca." Infilò la mano attraverso le sbarre del cancello e mi accarezzò i capelli.

"Non faccia complimenti, di vino ne abbiamo proprio tanto, più dell'acqua." risposi, esagerando un po'.

"Non dubito sulla quantità del vino che avete ma io voglio solo un po' d'acqua." ribadì lei.

"Va bene, ora gliela porto." risposi mentre correndo mi recavo in cucina.

"Vieni Rex, non dare fastidio alla signora, è una brava persona," mi rivolsi al mio cane e battendo la mano sulla gamba gli ordinai di seguirmi, era un cane intelligente, obbediva sempre, ma soltanto ai miei ordini, e mi seguiva scodinzolando. Portai l'acqua all'anziana donna che ringraziandomi, mentre mi accarezzava i capelli mi disse: "Sei un bambino speciale, la tua generosità mi ha commossa, continua così, non cambiare mai." Da quel giorno, fino a quando a sedici anni andai a studiare lontano da casa, quella donna, mi aspettava tutte le domeniche davanti al cancello di casa sua, per offrirmi dei dolci fatti in casa.

"Beh Dimitri'' - disse Giorgio "Per noi, lei è stata come una seconda madre, quasi tutti i giorni ci portava qualcosa di gustoso. Non si stancava mai di fare dolci, ed erano sempre buonissimi.

Giorgio mi raccontò che aveva lavorato per più di tre mesi in un cantiere senza prendere nemmeno una lira, finito il lavoro, i capi erano spariti senza pagare nessuno.

"Cavolo mi dispiace," gli dissi io "finora io ho preso soltanto una fregatura, da ragazzino, era una stupidaggine ma ci rimasi malissimo:

Avevo forse cinque anni circa, ricordo che allora amavo stare al centro dell'attenzione! Quel giorno vennero a casa nostra quattro operai dell'Enel, più una specie di capo che si limitava a dare gli ordini e prendeva in giro gli operai. Era un tipo buffo, la bocca era coperta dai baffi lunghissimi e una pancia enorme, che sembrava incinta di due gemelli. Quando rideva, dalla sua bocca, spuntavano dei denti giganti, bianchi come il latte. Mi fece una marea di domande e in una delle tante, mi chiese cosa avrei voluto fare da grande, se mi sarebbe piaciuto fare il capo come lui. Gli risposi di sì anche se non mi avrei mai desiderato una pancia come la sua, né in verità, essere comunista (ma questo me lo sono tenuto per me). Mio padre diceva spesso che il suo capo era comunista e come questo signore era grasso e panciuto, pensai quindi che questa dovesse essere una caratteristica dei capi. Io preferivo essere un delinquente piuttosto che un comunista, tutti i delinquenti che conoscevo erano forti e simpatici, facevano a botte con i comunisti e vincevano sempre, quindi degni del mio rispetto. Dopo pranzo, il capo, si sedette fuori sotto un albero e iniziò a snocciolare delle noci ancora verdi. Mangiava con tale appetito da farmi venire l'acquolina in bocca, rimasi a fissarlo per un bel po' di tempo senza nemmeno rendermene conto. A un certo punto mi tese la mano chiusa e mi chiese se volevo dei semi di noci. Gli risposi di sì e lui mi incitò a ringraziarlo prima di prenderle, così lo feci rispettosamente e dopo, lui aprì la mano sopra la mia, e fece cadere

soltanto le bucce dei semi. "Ecco! La prima fregatura della mia vita"
Poi, ognuno raccontò una storiella dal passato, e alla fine spegnemmo la luce per dormire.
Passarono soltanto due giorni, e iniziai a lavorare nel ristorante come lavapiatti, sebbene fosse un duro lavoro non mi sarei mai sognato di lamentarmi, così come mai in passato lo avevo fatto, nonostante condizioni ben peggiori. L'unico problema era comunicare con i miei colleghi, non parlavo ancora bene l'italiano e poi non avevo quasi niente da raccontare, aver condotto una vita da barbone per sei mesi non credo fosse un argomento interessante. La cucina si trovava al piano interrato, c'era una piccola finestra dalla quale non arrivava mai la luce, ma solo umidità, soprattutto quando pioveva. Mi mancava vedere il tramonto alla fine di ogni giornata, quando la città cambiava aspetto rivestendosi di luci e riflessi. Può sembrar strano fuori c'era più vita durante la notte, quando uscivo dal lavoro, verso l'una e a volte anche più tardi, che al mattino quando iniziavo. Le stradine del quartiere "Trastevere" erano piene di gente allegra, i locali affollati, e da uno di questi, le note di un pianoforte si espandevano nell'aria insieme alle risate delle persone. Il pianista si intravedeva appena, coperto della coltre di fumo di coloro che accendevano una sigaretta dietro l'altra.
Nel pomeriggio il ristorante chiudeva per tre ore ma io avevo chiesto di poter restare, abitavo troppo distante per andare e tornare in quel breve lasso di tempo, così mi stendevo a riposare su tre sedie

messe una vicino all'altra, e lasciavo penzolare le gambe. Mi resi conto che il periodo passato a dormire sui treni mi era stato utile, perché riuscivo a improvvisare un posto in cui riposare o dormire, quando per gli altri era impossibile. Ascoltare quel silenzio fitto nel ristorante durante la chiusura, mi pareva strano, ero abituato a sentire le chiacchiere della gente, e in sottofondo il rumore delle posate e dei bicchieri, il tutto sotto le nuvole di fumo delle sigarette che s'alzavano fino al soffitto, quasi inosservate. Fu l'aiuto cuoco a rompe il silenzio, iniziando a dialogare con me, mi chiese da quale paese venissi, ma quando glielo dissi, mi domandò dove fosse la Romania.

"In Europa."

"Sì, ma in quale parte dell' Europa?"

Allora presi dei piattini e li misi sul tavolo d'acciaio, formando la mappa d'Europa. "Guarda, questa è Italia e questa la Romania, ti è chiaro adesso?"

"Sì, chiarissimo, non è lontano. C'è tanta povertà?"

"Beh, abbastanza per farmi andar via dal mio paese e cercare la fortuna altrove," gli risposi rattristandomi all'istante.

"Ma, ci sono le strade da voi?" continuò. Lo guardai in faccia per capire se stesse scherzando, in realtà mi resi conto che era serio e aspettava la mia risposta. A quel punto presi tutti i piattini li misi a posto e gli dissi: "Continuiamo un altra volta il discorso", e mi allontanai infastidito borbottando: "Noi non abbiamo le strade, camminiamo sugli alberi come il Barone rampante."

In solo due mesi dimagrii quasi dieci chili, la vita che avevo condotto per molto tempo mi aveva indebolito, il fisico non reagiva più come prima, mi stancavo con molta facilità e poi c'era lei, la ragazza che avevo conosciuto nel parco, ormai non pensavo che a lei, Mina era l'unica cosa bella che mi dava forza di andare avanti. Ormai era passato un mese dal suo trasferimento a Spoleto, dove aveva trovato lavoro presso una famiglia, l'allontanamento mi fece soffrire, non vederla una volta a settimana , fu un vero trauma per me. Mi propose di lasciare il lavoro e di trasferirmi a Spoleto, aveva chiesto già ai suoi padroni di aiutarmi a trovarne uno, ma non essendoci nulla di concreto avrei dovuto lasciare un lavoro fisso, una casa, per compiere di nuovo un salto nel buio.

Vissi nel dubbio per più di un mese, pregai Dio di aiutarmi a prendere la decisione giusta, ma lui non mi diede nessuna risposta, nemmeno un segno, forse perché in quel momento parlava l'amore e quando l'amore parla la coscienza tace. Dio è la coscienza e quindi, non poteva far nulla oltre ad alleviare il mio dolore nel caso avessi preso la decisione sbagliata. Lasciai che fosse il cuore a decidere il nostro destino, se avesse sbagliato avrebbero sofferto entrambe, anima e cuore.

Durante il giorno di riposo andai da lei a Spoleto, i suoi datori di lavoro ci lasciarono da soli in una casa in campagna. Che nottata poetica! Proprio poesia:

Eravamo soli, padroni del mondo,
L'oggi divenne ieri come il girotondo,

passammo una notte lunga e intensa,
da protagonisti della vita stessa,
senza regole e copioni,
dimenticammo persino dei nostri padroni,
eravamo servi, sì, ma servi di noi stessi,
schiavi della vita e della passione,
passione ardente ma senza ustione,
fatta di amore e anche incoscienza.
Era appena finita, la nostra adolescenza,
il cielo era perfetto, con la luna piena,
il vento tiepido che soffiava appena,
ci accarezzava il viso, con buona maniera,
annunciando la fine della primavera.
I grilli eran loro ma senza chieder nulla,
a far la loro parte, la colonna sonora,
le lucciole ballavano, ballavano indisturbate,
con le loro ali, ali illuminate.

La felicità è qualcosa di straordinario, astratto, ma in quei momenti riuscivo a toccarla, riconoscere il suo profumo magico, rimanere incantato dalla sua melodia, e persino assaggiarne il suo sapore.
All'alba, tornai a Roma, ripresi a lavorare e a pensare a lei.
Passarono due settimane senza che ci vedessimo, avevo sete delle sue labbra, il mio cuore innamorato bruciava, il sangue sembrava lava di un vulcano, ma il mio orgoglio non mi permetteva di dichiararmi, almeno non adesso, che ancora non avevo nulla da offrirle. Il mio cuore di ghiaccio, veniva sciolto dalla forza dell'amore, scoprendo un lato nuovo di me stesso, una parte di me che, fino a quel momento,

nessuno era stato in grado di attivare. Lei ci riuscì, mi fece scoprire nuovi sapori, nuove emozioni e nuove debolezze. Sì, ero diventato debole, non volevo ammetterlo ma era così. La debolezza mi faceva diventare tenero, buono, dolce e soprattutto protettivo.

Decisi di lasciare il lavoro e la casa, diedi al ristorante due settimane di preavviso, e via! A fine mese andai a Spoleto.

Lei mi aspettava alla stazione, insieme alla sua padrona che avevo conosciuto durante la mia precedente visita. Rivederla fu come ritrovare me stesso, arrivammo a casa in pochi minuti, e rimanemmo soli nella sua camera per circa mezzora. Mi spiegò brevemente che sarei rimasto con lei soltanto quella notte, perché il giorno seguente mi avrebbero accompagnato presso una casa dello studente o qualcosa del genere. Io avevo un brutto presentimento, sentivo che qualcosa non sarebbe andato per il verso giusto, e anche lei convenne di aver notato un cambiamento repentino nei suoi padroni, una freddezza insolita.

"Tranquilla." le dissi abbracciandola. "Abbiamo sempre trovato una soluzione, sarà così anche questa volta."

"Adesso devo andare amore." disse lei, mentre mi mandava baci. "Cerca di riposare, finirò tardi, verso le dieci", chiuse la porta dietro di sé, non prima di avermi tirato un ultimo bacio.

Mi lasciai cadere sul letto, senza opporre resistenza alla gravità, iniziando a pensare a un alternativa, ma non mi veniva in mente niente. Un'altra notte passata insieme a lei, abbracci forti, consolazioni, e tanto, tanto amore. Il tizio che mi accompagnò a cercare lavoro in alcune officine, ristoranti, bar, prestava servizio presso i magazzini dei padroni della mia ragazza. Si rivelò simpatico e soprattutto onesto, confessandomi durante il nostro giro in auto per trovarmi lavoro, che non conosceva nessuno di coloro da cui ci stavamo recandoci. "Se avessero davvero voluto aiutarti, avrebbero potuto farti lavorare al magazzino, occorre un addetto alle consegne. Questa gente, caro mio, vende fumo, illude le persone, si prende gioco di loro, infischiandosene delle conseguenze. Sei un ragazzo in gamba, non farti fregare, pensa subito a un'altra soluzione. Ti parlo come se fossi tuo padre. Adesso ti porto in un posto dove puoi passare la notte ma devi entrare di nascosto, perché se ti trovassero, finiresti nei guai." Rimasi senza parole, limitandomi soltanto a ringraziarlo con tutto il cuore.

Per più di una settimana vissi in quelle condizioni, cercando lavoro dalla mattina alla sera, andando persino nelle chiese a chiedere un lavoro di qualsiasi tipo ma non trovai nulla…la speranza di poter rimanere a Spoleto andava affievolendosi. Chiamai la mia ragazza e le dissi che sarei passato nel pomeriggio per prendere la valigia, per rientrare a Roma cercando di riavere il lavoro che stupidamente avevo abbandonato e nel frattempo cercare un posto di lavoro in coppia, come collaboratori domestici. Lei interruppe il mio monologo dicendomi decisa "Non venire oggi, passa domani mattina verso le otto, vieni a prendermi, vengo con te. Non cercare di farmi cambiare idea. Mi rendo conto che non sarà facile ma non posso continuare a lavorare per loro, non hanno preso in giro solo te, hanno ferito anche me, quindi non rimarrò." Mi sentii felice che avesse deciso di seguirmi, compresi anche che ci amavamo reciprocamente, il nostro era un amore condiviso. Con la forza dell'incoscienza e di questo sentimento che ci univa affrontammo il destino.

Andammo a cercare lavoro in un'agenzia, e trovammo un posto come collaboratori domestici presso una famiglia che cercava proprio una coppia. Vivevano in un paesino piccolo vicino ad Ancona, ma trasferirci non fu certo un problema per noi, partimmo infatti da Roma con tanta voglia di iniziare una vita nuova, lasciando alle spalle solo dei brutti ricordi e una splendida città. Durante il viaggio dissi a Mina : "Che bello, stiamo scappando lontano da tutto e da tutti." Mi guardò con un espressione tenerissima, accarezzandomi il viso, ma subito dopo la sua espressione divenne malinconica e guardando fuori dal finestrino mi disse: "Cavolo Dimitri, abbiamo mentito in agenzia dicendo che siamo sposati." Rimase con lo sguardo fisso sul paesaggio che scorreva dal finestrino, ma non era concentrata su di esso, stava aspettando una mia risposta. "A volte bisogna dire delle bugie, è pur vero che ultimamente accade spesso, ma in un certo senso perché sono costretto e poi, sai quanto importa a quelli dell'agenzia se siamo sposati o meno, basta che prendono soldi, tutto il resto sono dettagli." risposi abbracciandola. Fu un bellissimo viaggio, spensierato e intenso. Quando arrivammo ad Ancona il sole sembrava essere più intenso, riempiva il mare di riflessi e arrossiva tutti quei corpi nudi stesi sulla sabbia.

La casa presso la quale avremmo lavorato, era grandissima e si ergeva proprio sul lungomare, suddivisa in tre piani, circondata da un giardino altrettanto grande con al centro una bellissima piscina. Il panorama che offriva il piano più alto era mozzafiato, si vedeva il mare fin dove si univa al cielo. Al piano terra abitavano gli anziani genitori della coppia, coloro di cui mi sarei dovuto occupare io, mentre a quelli superiori, dove avrebbe prestato servizio la mia ragazza, vivevano moglie, marito e tre figli. Quando fui presentato al padrone di casa che stava guardando la tv steso su una specie di sedia a sdraio ortopedica, lui senza nemmeno degnarmi di uno sguardo mi disse: "Ha fatto un buon viaggio? Vada a rinfrescarsi, voglio che sia sempre pulito." Me ne andai con il dubbio che puzzassi di sudore, anche se non avevo mai avuto questo problema, nemmeno quando conducevo una vita da barbone.

Dopo averci mostrato tutta la casa ci condussero al piano interrato dove si trovava la nostra camera, piccolina ma abbastanza carina, posta vicino alla lavanderia. Ci guardavamo, pensando alla stessa cosa: *letti separati*? "Che strano" dissi a Mina . "Hanno sempre lavorato le coppie qui, perché i letti sono separati?" Lei mi guardò e poi scoppiammo a ridere.

"Tranquilla, unire i letti sarà la prima cosa che farò stasera quando torniamo in camera."

“Come ti sembra?” mi chiese lei.

“Beh, il posto è bello ma credo che ci sarà un sacco di lavoro da fare, non avremo il tempo di goderci il panorama o altro.”

“Non siamo venuti qui in vacanza, caro!”

“Scusa ma puzzo di sudore?”

“Ma certo che no, ti pare che non te l'avrei detto? Perché me lo chiedi?”

“Quando mi hanno presentato al padrone di casa, lui mi ha detto di andare a rinfrescarmi e poi ha aggiunto che le persone che stanno attorno a lui devono essere sempre pulite.” continuai perplesso. Lei iniziò a ridere e commentò: “Magari chi lavorava qui prima puzzava e lui sarà rimasto disgustato da questo fatto, comunque tu non puzzi.”″

Dormimmo abbracciati per tutta la notte. Svegliarsi accanto a lei, rendeva la giornata migliore, conferendole un altro senso e tutt’altro sapore.

Era la padrona di casa a indicarci il lavoro, e soprattutto spiegandoci in che modo avremmo dovuto portarlo avanti. Saltammo il riposo pomeridiano, tornammo in camera la sera dopo cena, abbastanza stanchi e trovammo i letti nuovamente separati. Feci in tempo a dire soltanto: “E che cavolo, no!” che la padrona di casa ci raggiunse dicendoci: “Abbiamo sempre fatto così, il lavoro è tanto specialmente d’estate, se dormirete insieme la mattina vi sveglierete già stanchi quindi preferiamo che dormiate in letti separati. Buona notte.”

Appena uscita dissi:” No! Non possono mica decidere su quello che dobbiamo fare o non fare durante la notte.” Ci guardammo negli occhi e sorridendo trovammo la soluzione. "Peggio per loro, vorrà dire che saremo ancora più stanchi la mattina, dormendo insieme su un lettino."

Lavorammo lì per meno di un anno, può sembrar strano ma quel posto non faceva per noi, il paese era troppo piccolo, la domenica, che era il giorno di riposo, diventava sempre più noiosa, specialmente all'arrivo dell'autunno, le spiagge erano deserte, circolavano soltanto gli abitanti del paese. Per tutto il tempo trascorso in quella casa rimasi affascinato soltanto da una scena in particolare. In un pomeriggio di novembre dovetti andare al piano superiore per controllare una persiana che non si chiudeva. Mentre fuori imperversava un temporale, attraversando il salone, udii la melodia abbastanza alta, di una musica classica. Guardando attraverso l'enorme finestra che sembrava un schermo cinematografico rimasi incantato dallo spettacolo, il mare se la prendeva con il cielo mandandogli contro delle onde altissime e il cielo si difendeva scaricando in esso fulmini spaventosi e colpendolo in pieno. La coreografia era un tutt'uno con la musica, troppo perfetta per non essere reale, così con la mia immaginazione mi aspettavo un finale in cui il mare e il cielo, tenendosi per mano come due compagni di ballo, si chinavano davanti agli spettatori ringraziandoli per gli applausi ricevuti. Lo spettacolo durò soltanto pochissimi secondi, perché il dovere mi chiamava e non potevo restare, ma è rimasto impresso nella mia mente per sempre.

Decidemmo di partire, di tornare a Roma sebbene non avessimo un lavoro, né un posto dove andare, ma poco ci importava, vivere da avventurieri era ormai diventata un'abitudine. Volevamo soltanto di ritornare a vivere in una grande metropoli piena di opportunità, dove con un pizzico di fortuna potevamo trovare lavoro nello stesso giorno in cui fossimo arrivati. Tornammo con il treno, viaggiando di notte, e arrivammo a Roma prima che la città si risvegliasse, trovandola ancora più affascinante di prima. Le luci la rendevano magica, mentre le ombre diventavano sempre meno accentuate, con i lampioni che dopo aver brillato tutta la notte, adesso diventavano soltanto dei piccoli punti bianchi o giallo timido. L'alba annunciava il risveglio della città, il silenzio, veniva interrotto dal rumore delle prime macchine che scoppietando iniziavano a invadere la strade. Qua e là, nelle case, si aprivano delle persiane e si intravedevano dei volti ancora assonnati. Trovammo lavoro quello stesso giorno ma non in coppia, bensì presso due famiglie diverse.

Capitolo 4
Proposta di matrimonio

Stavamo insieme da più di due anni, e i sentimenti che nutrivo per lei erano ben consolidati. Ormai convintissimo che lei sarebbe stata la donna dei miei sogni, decisi di farle la proposta, proprio quel fine settimana. Era un giorno d'estate, e durante quel pomeriggio chiesi permesso al mio datore di lavoro, (con il quale avevo maturato una certa confidenza) per andare a comprare l'anello di fidanzamento. Lo scelsi con grande cura, un gioiello molto delicato che racchiudeva una piccola pietra preziosa.

Dovevo solo trovare il momento giusto per chiederle di sposarmi.

Nel fine settimana fummo invitati da alcuni amici che abitavano in una delle periferie di Roma. Per raggiungere la loro abitazione prendemmo una specie di trenino, un incrocio tra il tram e il classico treno. Durante il percorso iniziai a raccontarle di un ex compagno di scuola che stava per sposarsi, ritendo prematuro legarsi sentimentalmente a quell'età. Non disse nulla, continuando a guardare fuori dal finestrino, e dopo qualche minuto le chiesi se secondo lei fosse l'età giusta per prendere decisioni del genere. Si voltò verso di me e mi disse:

"Sì, credo di sì, perché me lo domandi?"

"Così, chissà se mai mi sposerò, comunque è una decisione difficile da prendere, secondo me." continuai fingendomi indifferente.

"Fortunata la ragazza che ti sposerà."

"Perché fortunata?"

“Perché sei un bravo ragazzo.”

“Allora visto che sono un bravo ragazzo, vuoi sposarmi?”

Mentre lo dicevo aprii la scatoletta e le mostrai l'anello, lei mi abbracciò, mi strinse forte e mi sussurrò all’orecchio:

“Ti amo”.

“Ti amo anch'io…. lo devo considerare come un sì?”

 Mi indusse al silenzio avvicinando le sue labbra alle mie, che bello quel lungo bacio, mi sentivo al settimo cielo. Fu un bacio intenso, diverso da tutti gli altri, fatto di passione, emozione, brivido e commozione. Alla fine, quando riprendemmo fiato, mi sussurrò ancora:

“Sì lo voglio.” Ripresi a baciarla e poi le diedi la scatoletta con l’anello.

“E’ bellissimo, è stupendo,” commentò dandomi un altro bacio.

Ricordo poco di come passammo quella giornata insieme ai nostri amici, so soltanto che ero felice, totalmente immerso in una gioia immensa!

A questo punto non restava che fissare la data per il matrimonio. Era l’undici novembre del 2006, e non avrei mai immaginato di sposarmi in quel modo: ci siamo presentati al comune di Roma, da soli, con soltanto i documenti richiesti.

Mentre l’addetto li controllava, alzò gli occhi e ci guardò dalla testa ai piedi, dopodiché andò da un suo superiore e mentre gli parlava puntò il dito verso di noi. Il viso del capufficio assunse un’espressione strana, ci fissò per qualche secondo, e poi si avvicinò a noi pensieroso e imbarazzato, ci salutò e cercò di

spiegarci la situazione, senza però trovare le giuste parole. Un po' irritato, gli chiesi:
"Mancano dei documenti?"
Ancor più imbarazzato, guardandomi nei occhi mi disse:
"In realtà mancano i testimoni, in Italia servono due testimoni, senza di loro non potete sposarvi.
Mi dispiace, tornate la settimana prossima."
Oh Dio no! Aspettare un altra settimana, solo perché mancano i testimoni, no, dissi fra me e me, e poi esclamai:
"Aspetti un secondo, adesso li trovo io i testimoni", gli dissi, e corsi giù per le scale.
Mia moglie mi ha poi confessato che per un momento aveva pensato che vista la mia reazione, stesse per sposare un pazzo.
Io intanto, arrivato in strada, iniziai la caccia ai testimoni, e l'unica coppia che non andava di fretta ma camminava con molta calma, come se il tempo per loro non esistesse, era una coppia di Indiani, poco più grandi di noi. I loro vestiti erano tradizionali e i sandali di pelle, simili a quelli che anticamente indossavano i gladiatori. "Ecco i testimoni" dissi tra me e me. "Li devo solo convincere al volo." Mi avvicinai e chiesi semplicemente se volevano farci da testimoni, questione di mezz'ora o poco più.
Si guardarono negli occhi e sembravano entusiasti dall'idea, ma tutti e due iniziarono a muovere la testa a destra e a sinistra, io pensai che fosse un no ma proprio in quell'istante mi dissero di sì. Solo dopo alcuni anni notai che la maggior parte degli

Indiani, quando sono emozionati, muovono la testa proprio come il pendolo dei vecchi orologi, a destra e a sinistra.

Li presi per un braccio e dissi loro:

"Andiamo, la sposa ci aspetta."

Arrivati al piano superiore, presentai loro la mia attuale moglie, e dissi all'impiegato del comune:

"A lei i testimoni!".

" Vi conoscete?" mi chiese.

"Perché, li dobbiamo conoscere?"

"No, no", disse sorridendo sotto i baffi.

"Mi occorrono anche i loro documenti per pochi minuti, e poi potete andare al Campidoglio e sposarvi".

Chiese a un suo collega di telefonare in Campidoglio, per informarli del nostro arrivo. Dopo aver fatto firmare un registro ai testimoni e restituito loro i documenti, l'addetto del comune mi diede una busta di carta che conteneva tutti i documenti necessari per poterci sposare. Ancora con il sorriso sul viso, ma questa volta un sorriso sincero, l'addetto del comune mi strinse la mano e ci fece i migliori auguri. Mentre stavamo uscendo dal comune, i testimoni, come se il loro compito fosse giunto al termine si congratularono con noi. "Ancora non ci siamo sposati, manca il momento più bello, il momento del sì", dissi. Ci presentammo al Campidoglio e consegnammo la busta di carta contenente i documenti del comune. Gli sguardi curiosi di tutto il personale si fissarono su di noi, e poi tra di loro, ci fu qualche smorfia e qualche commento di sicuro avranno pensato *sono completamente pazzi.*

La sala con le pareti rivestite di seta di color rosso, le sedie antiche che avevano la tappezzeria quasi intatta; era bellissima ed enorme, ma il nostro amore era ancor più grande, così grande che riempiva il vuoto di quella stanza. In sottofondo si sentiva una vecchia canzone che aumentava ancora di più la già forte emozione. Quando mi chiesero se volevo prendere Mina come mia sposa, amandola e onorandola nel bene e nel male, mi scese una lacrima"

Uscimmo da quella stanza, con le fedi lucenti al dito, presi per mano mia moglie, per braccio uno dei testimoni e scendemmo tutti insieme le scale del Campidoglio.

Capitolo 5
Primo ritorno in romania

Per il viaggio di nozze, avevamo pensato di tornare in Romania, un ritorno dopo tre lunghissimi anni, con una nostalgia immensa e il desiderio di ritrovare e abbracciare i nostri cari. Ma prima desideravo passare insieme a Mina almeno una notte nella mia vecchia casa, sfogliare tutti i ricordi di una volta e confessarle, là dentro, come spesso la pensassi, anche se non la conoscevo ancora, immaginandola ogni volta con un volto diverso.

Avevo bisogno di sentire il profumo del passato per dare il giusto valore al presente. Arrivato in Romania rimasi deluso, era tutto cambiato, caro lettore, tutto tranne una cosa, la povertà.

Pensavo di poter riprendere la mia vita da dove l'avevo lasciata tre anni prima, ma non fu possibile, non ritrovai nessuno dei miei vecchi amici, erano partiti anche loro in cerca di fortuna. In un certo senso mi sentii uno straniero nel mio stesso paese, non mi ritrovavo più nelle abitudini, e anche il modo di ragionare mi era diventato estraneo. L'inverno con la neve che adoravo fin da bambino, non mi piaceva più, il freddo appariva più fastidioso del passato, e slittare sulla neve non mi dava più soddisfazione. Ma quanto ero cambiato in soli tre anni? La risposta me la diede mio fratello maggiore, a sua volta meravigliato di fronte a me. "Oh mio Dio! Fratellino! Ma quanto sei cambiato! Eri un ragazzo quando sei partito mentre adesso sei un uomo." Eh sì, tutti quei sacrifici, tutta quella

sofferenza avevano lasciato il segno sul mio volto.
Anche il mio carattere era molto cambiato, la spensieratezza da ragazzo e l'indifferenza quasi pagana, erano finite, sparite per sempre.
Trovai i miei genitori ancor più vecchi e affaticati, chiesi a loro se stessero bene e mi risposero di sì, ma sembravano indifferenti.
"Andiamo dal medico periodicamente." Disse mio padre. "Per la vecchiaia però, figliolo mio, non c'è una cura, ci si abitua e ci si convive."
 E mentre sorrideva le sue rughe si accentuavano.
Persino il cane che avevo trovato per strada, tre anni prima della partenza, ancora cucciolo, non più grande del palmo della mia mano, ora stava invecchiando insieme ai miei genitori.
Vidi però con piacere che il trattore che avevo comprato aveva diminuito in parte la loro fatica e garantiva una sicurezza economica.
Feci conoscere alcuni parenti a mia moglie e ne conobbi alcuni dei suoi, e le ferie passarono senza che ne rendessimo conto.
Tornammo in Italia, per fare altri sacrifici perché non avevamo abbastanza soldi per comprare una casa e rimanere a vivere in Romania.
Passò più di un anno, e mia moglie desiderava avere un bambino, ne avevamo parlato a lungo e quel sabato di "San Valentino" decidemmo di provarci, anche se non era il momento adatto per mettere su famiglia, non avendo sicurezza economica e tanto meno una casa. Era un pomeriggio di marzo quando Mina mi dette la bella notizia, quella di essere in dolce attesa. Che felicità! Arrivata al quinto mese di

gravidanza mia moglie lasciò l'Italia per tornare in Romania dai suoi genitori, dove l'avrei raggiunta poco prima del parto, per ristrutturare l'appartamento da poco comprato con la speranza di rimanere a vivere lì.

Finalmente quei tre lunghi mesi passarono, e andai a trovare Mina..

Durante il giorno seguivo i lavori nell'appartamento e la sera invece non vedevo l'ora di stare insieme a lei e accarezzarle l'enorme pancione. Secondo i medici mancavano ancora tre settimane alla nascita della bambina, ma la piccola decise di anticipare il suo arrivo e nacque il giorno seguente al controllo medico. Non mi fu permesso di assistere al parto, ma dal corridoio sentii lo stesso le urla di mia moglie per tre lunghe ore.

Finalmente! Eccolo, il pianto di nostra figlia. Potevo vedere soltanto Mina , dopo il parto, e ne approfittai subito, aveva il viso stanco e provato.

"E' sana Dimitri, sta bene ed è stanca, dobbiamo riposare entrambe." Mi disse con un filo di voce. La baciai e le sussurrai all'orecchio:

"Grazie amore, adesso riposati."

Si era fatto sera, quando andai a casa. Non vedere la bambina mi dispiaceva parecchio, quella fu una delle notti più lunghe della mia vita. Non aspettai l'alba del giorno dopo, ma andai all'ospedale che era ancora notte, con la macchina carica di neve, e con la voglia matta di vederla, di conoscerla. Mia moglie me la portò nella sala d'attesa, mettendomela tra le braccia. La guardai con una curiosità immensa, stava dormendo, quel piccolo visino riempì i miei occhi di felicità, scosse leggermente la testa, e poi strinse le palpebre e spinse in fuori il labbro inferiore, facendo sembrare il viso ancora più piccolo. Era bellissima, le diedi un bacio e le sussurrai: "Benvenuta tra noi, principessa." Quando le mie labbra toccarono la pelle vellutata delle sue guance, mi scese una lacrima di felicità. Lei, invece, non gradì il mio bacio, o meglio non reagì bene alla puntura dei miei baffi, fece una smorfia dolcissima, come per dire: *prova a baciarmi di nuovo e mi metterò a piangere.*

Per farla uscire dall'ospedale, c'era bisogno del mio certificato di nascita, quindi dovetti andare nel paese dove ero nato per farmi rilasciare la documentazione necessaria.

L'addetto all'anagrafe, molto cortese, mi disse:

"Caro ragazzo, ti sei sposato in Italia e il vostro matrimonio non è stato trascritto nei nostri registri, per cui tua moglie te la può portar via, la bambina, senza riconoscerti come padre".

Rimasi stupito e anche abbastanza indignato, perché proprio non me l'aspettavo, ma la diplomazia prevalse e con la massima calma chiesi che venisse rilasciata la documentazione necessaria.

Nello stesso giorno portai Mina e la nostra bambina a casa dei suoceri.

I lavori di ristrutturazione dell'appartamento stavano soltanto a metà e i soldi che avevo messo da parte non bastavano per portarli a termine.

Vivemmo insieme ai genitori di mia moglie per un breve periodo, ma non potevamo continuare per molto, senza più soldi e tantomeno un lavoro. A fine

gennaio, fummo costretti a tornare in Italia senza
nostra figlia; la separazione fu tragica, più dura di
quanto mi aspettassi.

Capitolo 6
Genitori a distanza

Uscimmo da casa con la morte nel cuore e a un centinaio di metri o forse meno, mi fermai e contemplai un' ultima volta la vecchia casa bianca coperta di neve. Lei, mia figlia, era ancora lì, in braccio alla nonna, che stava davanti alla porta. Riuscivo ad intravederla appena appena ma era troppo lontana per distinguere i suoi occhi pieni di lacrime o sentire come ci implorava di non lasciarla lì, non sapeva ancora parlare, ma il suo muto linguaggio mi colpì nel profondo dell'anima, sentivo che una parte di me rimaneva con lei, ad aspettare il nostro ritorno.

Sarebbe cresciuta lontano dai nostri occhi, ma sempre vicino al nostro affetto. "Perdonaci principessa, lo facciamo per te, per poterti offrire un futuro migliore," Dissi a mia moglie con gli occhi pieni di lacrime:

"Andiamo amore.", e lei continuava a mandare baci e a ripetere tra i singhiozzi

"Ciao principessina, mi mancherai."

I fiocchi di neve cadevano sui nostri visi riscaldati dalle lacrime, sciogliendosi all'istante.

Con la mano avvicinai la sua testa al mio petto e le accarezzai i capelli, avrei voluto dirle tante cose ma ero consapevole che non ci fossero parole che avrebbero potuto alleviare il dolore, io stesso ero profondamente infelice. Più che una moglie, avevo accanto una madre con il cuore spezzato, madre che non accettava l'idea di separarsi dalla figlia di appena due mesi, e continuava a dire:

"Dio, se esisti, perché accetti tanta ingiustizia in questa vita?"

Mi sentivo in colpa per averla separata dalla piccola; per aver lasciato nostra figlia con i nonni e infine per il fallimento del mio progetto di sistemare la casa prima della nascita della bambina, per non essere riuscito a garantirle l'inizio di una nuova vita. Una vita normale, tutti insieme nella nostra casa, questo era il nostro sogno. Il sogno si era realizzato solo in parte con la nascita di nostra figlia, la casa invece stava là, ad attenderci, ma ancora non abitabile.

Piangevo dentro di me, in silenzio, un pianto sofferente senza sfogo, che faceva ancor più male.

Durante il viaggio verso l'Italia, viaggio che durò tre giorni, mia moglie non parlò quasi per niente e anche se cercavo in tutti i modi di distrarla, ogni volta che vedeva o sentiva il pianto di un bambino si girava di scatto come se avesse sentito il pianto di nostra figlia.

"Mi sento in colpa per averla lasciata lì così piccola, quale madre abbandona la propria figlia di appena due mesi," mi disse evitando il mio sguardo.

"Non ti devi sentire in colpa, non andiamo a divertirci, ma a fare sacrifici, soprattutto per lei".

Eravamo intenzionati a restare in Italia un anno soltanto o anche meno, giusto il tempo necessario per mettere da parte i soldi che servivano per portare al termine il nostro progetto per completare la casa.

"Dimitri, pensi mai al fatto che non vedremo i suoi primi passi, non sentiremo le sue prime parole?" mi chiese, guardando fuori dal finestrino del treno.

 "Non ricordarmelo per favore, cerco di pensare alle cose che mi danno forza, per poter fare questo sacrificio."

 Mi sembrava il viaggio più lungo della mia vita, viaggio che rimarrà sempre nei miei ricordi.

Per di più a Roma era giunto il momento di separarci, perché avevamo ripreso a lavorare nei vecchi posti, presso due famiglie distinte. Salutai Mina dicendole:

"Ciao amore, facciamoci forza, non molliamo proprio adesso che abbiamo un motivo in più per lottare; resistiamo per nostra figlia", ma appena pronunciai "nostra figlia", stringendomi forte mi appoggiò il viso sul petto, per nascondere gli occhi carichi di lacrime; mi accorsi che stava piangendo dal respiro, ma feci finta di niente e continuai a confortarla come potevo. Non eravamo semplicemente marito e moglie ma anche compagni di sofferenza, due guerrieri che lottavano per ottenere una vita migliore rinunciando a tutto, persino alla gioia di veder crescere la propria figlia sotto i nostri occhi.

Lavoravamo come collaboratori domestici, e ci vedevamo solo nel fine settimana, a volte mia moglie veniva a dormire da me, altre la raggiungevo io, ma non sempre questo era possibile, capitava infatti che ci vedessimo solo durante il giorno e che alla sera, ognuno tornasse a "casa sua". Dopo un mese dal nostro ritorno in Italia andai in un'agenzia a cercare un altro posto di lavoro con una retribuzione migliore, così avremmo accelerato i tempi del nostro ritorno in Romania.

Quella volta, vi entrai più sicuro delle precedenti, ormai avevo abbastanza requisiti per poter trovare un lavoro migliore sempre come domestico, con vitto e alloggio. Quando toccò a me, la signora dell'agenzia, di una certa età, col viso a fisarmonica per le numerose rughe che lo attraversavano in tutte le direzioni, riusciva a malapena a scandire le parole per colpa della dentiera traballante. Iniziò a chiedermi: "Esperienza lavorativa?"

"Sì, ho lavorato a Roma per diversi anni."

"Patente di guida?"

"Sì, ho la patente da professionista."

"Sa servire a tavola?" Anche per questo ero preparato.

"Direi che ha tutti i requisiti per poter lavorare presso questa famiglia, è una famiglia altolocata; la padrona di casa è molto esigente ma non credo che lei avrà difficoltà, ha una bella presenza, parla bene la nostra lingua e quindi direi di chiamare la signora per fissare un appuntamento. Vuole andarci?" mi chiese.

"Sì, certo, anche subito." risposi entusiasta. Mentre parlava al telefono, capii che dall'altra parte del ricevitore c'era una persona con le idee chiare, che poneva delle domande ben precise e decise di vedermi quello stesso giorno. Cercai di immaginare il suo volto ma fui interrotto dalla signora che tese la mano verso di me e mi mostrò sorridendo l'indirizzo su un pezzo di carta.

“Vada adesso, la sta aspettando, in bocca al lupo.”
“Crepi il lupo, le farò sapere come è andata.” risposi, mentre sentivo espandere l’adrenalina in tutto il corpo, perché stavo per incontrare una persona di un ambiente che non avevo mai frequentato.

Arrivai in meno di un quarto d’ora, senza difficoltà, controllai più di una volta la correttezza dell'indirizzo, perché il palazzo mi sembrava troppo semplice finché trovai il nome sul citofono. Con l’aiuto del portiere riuscii ad avvertire la signora che ero già arrivato, e lei mi disse di salire all'ultimo piano. Uscendo dall’ascensore, sentii il rumore della serratura. Insieme a quella porta, si apriva un nuovo mondo per me. La signora mi sembrava molto distinta, di un’eleganza raffinata, con modi decisi ma gentili, era impeccabile, capelli biondi e mossi che sembravano appena usciti dal parrucchiere, trucco leggero che metteva in evidenza gli occhi azzurri. Mi invitò a entrare, dopodiché mi sentii esaminato, ispezionato da capo a piedi, soppesato, mi fece pochissime domande:
“È sposato? Non è un problema per lei stare qui da noi giorno e notte? Ha figli?’’
Soddisfatta dalle mie risposte mi disse che potevo iniziare anche dall’indomani, se per me andava bene.
L’opportunità di lavorare in un ambiente del genere non capita di certo ogni giorno, quindi risposi subito di sì.

Una casa così l’avevo vista soltanto nei film, ero veramente curioso di conoscere le loro abitudini, il loro stile di vita, non mi sarei annoiato di sicuro.

"Molto bene, allora ci vediamo domani mattina verso le nove."

Salutai senza osare fare domande, dando per scontato che la paga sarebbe stata buona.

Passai tutta la notte a pensare, e a immaginare come sarebbe stato lavorare presso una famiglia di quei livelli.

Il giorno seguente mi presentai puntuale alle nove del mattino, con la mia valigetta da avventuriero. La porta dell'appartamento fu aperta da una ragazza, con la divisa da domestica, che mi fece entrare e mi accompagnò nella piccola stanza nella quale mi sarei sistemato. Aprì l'armadio e mi mostrò dove stavano le divise per uscire, le giacche da indossare dentro casa, le scarpe e persino il cassetto dove c'erano minimo dieci paia di calzini. In pratica i vestiti personali li usavosoltanto durante il giorno di riposo. Mi disse poi di cambiarmi, dovevo indossare un paio di pantaloni neri, la giacca a righe, il colletto bianco e le scarpe nere. Dopo essermi cambiato, la ragazza iniziò a mostrarmi la casa, incominciando dalla sala da pranzo, che era immensa, aveva nel centro un tavolo di legno pregiato, le pareti coperte di quadri come quelli che si trovano nei musei. Il salone era diviso in tre parti separate da colonne di marmo e delle balaustre alte poco più di un metro, da cui partivano altre colonne più piccole che finivano all'inizio degli archi romani. Guardando i mobili, avevo l'impressione di camminare nella storia, a un certo punto non ascoltavo più la ragazza, il fascino di quegli ambienti mi aveva completamente rapito, ogni stanza aveva un profumo diverso e raccontava una storia diversa, in un silenzio totale, perché il vetro delle finestre lasciava passare soltanto la luce.

La signora uscì dalla camera da letto per salutarmi e chiedermi che ne pensavo dell'abitazione   "E' bellissima, non avevo mai visto un appartamento così." Mi guardò soddisfatta e guardandosi intorno mi disse con un sorriso: "Sono innamorata della mia casa", come se aspettasse una risposta, tipo: "Ti amo anch'io." Poi si rivolse alla ragazza dicendole di spiegarmi tutto accuratamente. Noi, tornammo in cucina, e lei nella sua camera da letto. Avevo soltanto venti cinque anni e la signora si rivolgeva a me dandomi del "Lei", cosa che fino allora nessuno aveva fatto: non ero abituato a tutto quel rispetto ma mi faceva piacere. Passarono più di due ore e la ragazza ancora non aveva finito di spiegarmi che cosa avrei dovuto fare, né di mostrarmi dove stavano le cose che avrei adoperato nel servire a tavola.

Quel mattino stesso, la signora mi disse di indossare il completo e mettermi la cravatta, perché voleva uscire. Nell'armadio c'erano tre divise ma nemmeno una della mia taglia, tutte più grandi, scelsi la più piccola, sembravo Fantozzi, i pantaloni mi arrivavano quasi alla metà del petto. Quando la signora mi vide, con un elegante sarcasmo mi disse:

"Niente male, mi aspettavo peggio, ma domani andiamo a comprare una bella divisa per lei. Si metta la cravatta, per favore."

"Mi perdoni ma non sono in grado di fare il nodo." Risposi dispiaciuto e imbarazzato, perché dovevo riconoscere che non avevo indossato spesso la cravatta.

"Venga, le faccio vedere come si fa, si metta davanti allo specchio."

Stava dietro di me ma riuscivo a vederla lo stesso nello specchio, era una alta e bella, avvolse le mani intorno al mio collo e iniziò a mostrarmi ogni passaggio, lentamente, e per poter fare il nodo con le braccia, si avvicinò tantissimo a me, sentivo i suoi seni appoggiati sulle mie spalle, il mio viso diventò tutto rosso, ero molto imbarazzato.

"Ecco fatto! Vede? E' semplicissimo, se lo ricorderà la prossima volta?" mi chiese con molta cortesia.

"Sì, si certo, grazie mille," la rassicurai con la voce tremante.

"Finisca di prepararsi e mi aspetti all'ingresso".

Le maniche della giacca mi coprivano più della metà delle mani, si vedevano appena le punta delle ditta. I piedi mi uscivano dalle scarpe quando camminavo, come le pantofole. Dall'ingresso, sentii appena appena i passi della signora che calpestava la moquette soffice, e al suo arrivo alzai le braccia per far salire le maniche della giacca, per poi abbassarle solo a metà.

Guidai con prudenza ma deciso, dove era possibile, spingevo dolcemente il piede sull'acceleratore.

Guardavo avanti ma notavo che le spalle e la testa della signora si muovevano lentamente in indietro fino a raggiungere il schienale del sedile e l'appoggia testa.

Mi sforzavo in ogni modo di fare delle frenate dolci, per evitare gli strappi provocati   dalla forza d'inerzia. Ci fermammo in una delle vie famose del centro, circondata da negozi di lusso, la signora scese, dicendomi di attenderla che sarebbe tornata subito. Stavo seguendola con lo sguardo, ma fui interrotto da un vigile urbano che bussò al finestrino e mi indicò il divieto di sosta; cercai di spiegarli che era il mio primo giorno di lavoro e quindi era importante che la signora mi ritrovasse nello stesso posto, gli chiesi di fare un'eccezione. Per tutta risposta il vigile usò il fischietto, con il quale soffiando gran parte dell'aria contenuta nei suoi polmoni mi intimò di spostarmi da lì. Era una strada a senso unico, spostarsi significava fare il giro dell'isolato, tanto che per tornare nello stesso punto in cui avevo sceso la signora, a causa del traffico, ci impiegai più di tre quarti d'ora. Parcheggiai l'auto nello stesso punto, e iniziai la disperata ricerca della signora, in alcuni negozi fui tempestato da una marea di sguardi sospetti a causa della mia divisa fuori misura, le scarpe che sembravano delle gondole veneziane, sul mio volto si dipinse una maschera di disperazione, ero terrorizzato dalle possibili conseguenze. Senza aver trovato nessuna traccia della signora, raggiunsi la macchina. Non mi restava altro che aspettarla, sperando che non fosse già arrivata prima e non trovandomi avesse preso un taxi per tornare a casa. Se così fosse successo, ero nei guai seri, non mi ricordavo la strada per il ritorno , inoltre avevo lasciato il bigliettino con il numero di telefono e l'indirizzo dell'abitazione nella tasca dei miei pantaloni, e il libretto della macchina non mi fu d'aiuto, perché

intestata ad una società. Nel buio della situazione mi apparve una luce, era lei, la signora, che camminava spensierata, con in mano una busta di carta di media grandezza, evidentemente piuttosto leggera visto che il vento la spostava con molta facilità. Scesi dalla macchina e le aprii lo sportello per farla salire, gesto che fu apprezzato tantissimo. Guidai fino a casa senza raccontarle nulla dell'accaduto, la signora prima di scendere mi disse:
"Mi piace come guida, non è una lumaca e allo stesso tempo mi dà sicurezza."
Ringraziai rispettosamente per il complimento, sperando tanto di essere all'altezza di lavorare per loro. La sera, la signora mi presentò al marito, una persona molto autorevole; lo si capiva dalla postura e dai gesti. Poco prima di cena la cameriera del mattino, che di solito tornava nel pomeriggio per stirare e cucinare, mi insegnò ad apparecchiare la tavola, ma prima mi fece indossare la giacca bianca, spiegandomi che quella era la divisa da usare per servire i signori a tavola, mentre quella giacca gialla andava indossata tutti i pomeriggi e quelle a righe durante la mattina. Nell'apparecchiare la tavola, alcune cose mi risultarono nuove, e ne rimasi affascinato.
Quando la cena terminò, chiesi ai signori se desideravano altro, e il padrone di casa mi disse:
"Mia moglie mi ha parlato molto bene di lei. Si ricorda quanto le avevamo proposto di stipendio?"
"Sì," risposi, un po' stupito dalla domanda.

“Bene, aggiunga altre cento mila lire.” Lo ringraziai, contentissimo, perché questo significava che avevo ottenuto il lavoro.

Per di più, l’abitazione presso cui avevo preso servizio si trovava vicinissima a quella dove lavorava mia moglie, solo cinque minuti a piedi.

Pochi mesi più tardi, i nonni ci mandarono delle foto della nostra principessa, senza avvisarci, facendoci una sorpresa. Le mandarono all’indirizzo dove lavorava mia moglie, che subito mi chiamò, in un orario effettivamente insolito

“Dimitri, è bellissima”.

“Chi è bellissima? Non capisco.”

“Nostra figlia, è proprio bella, i nonni ci hanno mandato delle foto, le ho appena ricevute, è bellissima la nostra principessa ed è grande, Dimitri, ha un bel sorriso e sta già in piedi da sola.” Continuava a ripetere: è bella ed è grande, baciando la foto ogni due secondi; questa volta piangeva di felicità, anzi piangeva e rideva allo stesso tempo.

“La devi assolutamente vedere, fai un salto qui da me, inventati qualcosa.”

 “Ci provo amore, oggi non devo fare commissioni, vedo se riesco, adesso devo attaccare, ciao.”

Mentre appoggiavo la cornetta del telefono, mi trovai la signora davanti con un' espressione piuttosto seccata.

“Quando chiamano per far pubblicità attacchi subito, per favore, non tenga la linea occupata. Chi era al telefono?”

“Pubblicità ai robot per la cucina.” risposi.

“Non ci interessa, ha fatto bene ad attaccare.”

Mentii spudoratamente, ma non ebbi il coraggio di dirle la verità, perché a moglie non era consentito di chiamare in quella fascia oraria se non per un'emergenza. Purtroppo quel giorno non riuscii a passare da lei per vedere la foto della nostra principessa. Durante la notte, sognai mia moglie e nostra figlia, eravamo tutti insieme, sul letto, nella casa che avevamo in Romania, fu una delle notti più felici, peccato che quando il suono della sveglia mi destò dal mio sonno, prima ancora di aprire gli occhi, cercai nel mio letto con la mano, mia moglie e la bambina, ma dal lato sinistro a pochi centimetri la mia disperata ricerca finì contro la parete e dall'altro lato, la mia mano crollò in basso, oltre il materasso, e insieme a essa la speranza di vivere davvero quei bei momenti insieme alla mia famiglia. Eravamo una famiglia unita solo nei sogni.

Il giorno dopo riuscii finalmente ad andare da mia moglie e vidi nostra figlia in foto, totalmente diversa da come me la ricordavo, stava in piedi, si reggeva alla spalliera di una sedia, il suo bellissimo viso aveva un espressione felice, e nella mia mente sostituii il suo vecchio aspetto con quello della foto. Rideva e questo mi confortava tantissimo, avrei voluto esserci dietro all'obiettivo, vederla da vicino, ammirare il suo sorriso e magari abbracciarla solo per un momento, senza nemmeno dirle chi ero, per non rischiare di veder cambiare l'espressione del suo viso. Era molto che non vedevo mia moglie sorridere, il viso tutto illuminato.

"E' bellissima Dimitri, vero?"

"Sì amore, è bellissima come te ed è grande, sta crescendo la nostra principessa. Adesso devo andare, amore," conclusi frettolosamente, presi una delle foto e la misi nella tasca interna della giacca, al lato del cuore. Appena tornato a casa, mostrai la foto alla cameriera, che era insieme a una signora non più giovane che mi fu presentata come la vecchia babysitter dei figli del padrone, ormai erano sposati. Era alta, con la schiena leggermente curva, sul viso provato si intravedevano tracce di una bellezza sfumata, la voce era dolce e parlava lentamente. Giudicando dal colore della pelle aveva origini africane, ma da come parlava in italiano, perfetto senza nessun accenno straniero, non potevo identificare con certezza la sua nazionalità. Prese la foto, la guardò attentamente e alzò lo sguardo su di me.
"Ti somiglia," disse mentre riprendeva a guardarla. "Non ho mai avuto figli miei, ma ho cresciuti due ragazzi come se fossi stata la madre. Tante notti rimanevo sveglia fino al loro rientro, tante preoccupazioni e adesso che sono grandi, mi hanno quasi dimenticata, ma va bene così, d'altronde ero pagata per fare quello," continuò mentre mi restituiva la foto. "Hai una bellissima figlia Dimitri, complimenti, sono sicura che sarai un ottimo padre, anzi lo sei già, se stai facendo per lei questi sacrifici." La ringraziai per i complimenti fatti a me e a mia figlia e non ti nascondo, caro lettore, che la sua storia mi commosse: una vita dedicata solo a lavorare, rinunciando a tutto il resto. Tirò fuori dal

portafogli una banconota da dieci mila lire, tese la mano verso di me e disse:

"Tieni Dimitri, compra qualcosa alla bambina, per esempio un barattolo di borotalco."

Quella donna riuscii a commuovermi ancora, il suo fu un gesto insolito, per una persona appena conosciuta.

"Sei pronto per la grande cena?" mi chiese poi.

"Quale grande cena?"

"Non sei stato informato ancora?" continuò lei meravigliata.

"No, nessuno mi ha detto nulla."

"Caro Dimitri, qui ci sono spesso delle cene di gala, tra tre giorni ce ne sarà una e vedrai tanta bella gente, io sono venuta per questo, per darvi una mano"

Quasi subito iniziarono i preparativi per la serata di gala, mancavano ancora tre giorni, che passarono in fretta; doveva essere tutto perfetto.

Quella sera fu una delle cene più importanti che ebbero luogo nel periodo in cui lavorai in quella casa, se non addirittura la più importante; tra gli invitati c'erano personaggi televisivi, dello sport, e della politica. Comprai un'agendina per gli autografi e la diedi alla signora, non volevo importunare gli ospiti.

La tavola era apparecchiata con una tovaglia ricamata a mano e riportava gli stessi colori e disegni dei piatti di porcellana pregiata, i sottopiatti d'argento trasformavano le luci in piccole stelline fuggenti, i bicchieri, di vetro soffiato a mano, sottilissimi e trasparenti, cambiavano colore in base alla luce.

Le posate d'argento riempivano la tavola di riflessi di luce proveniente dalle candele di cera quasi trasparente, poggiate sui antichi candelabri d'argento.

I nomi degli ospiti erano scritti su dei cartoncini bianchi, poggiati su statuette d'argento in miniatura.

I posti erano scelti con molta cura, per evitare ad esempio, che si trovassero vicine persone che non gradivano la reciproca presenza. Il padrone di casa si sedette a capo tavola, alla sua destra l'ospite d'onore e alla sua sinistra la padrona di casa.

Indossavo una giacca bianca con spalline dorate, avevo le mani coperte con dei guanti bianchi, il colletto dello stesso colore che mi reggeva la testa. Passavo tra i commensali servendo le portate su vassoi d'argento dai quali s'alzavano profumate nuvolette di vapore.

Mi divertii a notare che gli uomini facevano scivolare nei loro piatti con un solo colpo di cucchiaio il pezzo preferito, a differenza delle signore che sceglievano con molta cura e appoggiavano il cibo nei piatti usando cucchiaio e forchetta.

Mi affacciavo spesso per riempire i bicchieri con l'acqua o il vino, senza aspettare che mi chiamassero loro, suonando il vecchio campanello d'argento, che aveva un tintinnio assordante e metteva tutti a tacere.

Ogni volta che uscivo dalla sala da pranzo, guardavo sempre la padrona di casa, che approvando con un cenno del capo, indicava il buon andamento della serata.

Verso l'una di notte stavo ancora asciugando i bicchieri, e la signora, che aveva fatto un salto in cucina, mi pregò di fare attenzione a non romperli, ognuno di essi valeva più di un mio intero stipendio. Potete immaginare come stavo attento!

Verso le due finimmo di sistemare tutto e andai a letto sfinito.

Mi sembrava di essermi appena addormentato, quando il telefono squillò a lungo, guardai l'orologio, erano appena passate le cinque, e infatti avevo dormito soltanto tre ore. Dopo alcuni minuti sentii dei rumori in cucina, mi alzai e andai a controllare, trovai il padrone di casa, davanti alla macchinetta del caffè appena accesa, aspettava che si riscaldasse.

"Buongiorno, tutto bene?" gli chiesi.

"No, Dimitri, ho appena ricevuto una bruttissima notizia," disse lui di spalle, con aria provata. Voltandosi verso di me, proseguì in risposta alla mia muta domanda:

"Si ricorda la signora che è venuta questi giorni ad aiutarci per la cena?"

"Sì, la signora che sta per tornare nel suo paese d'origine? Che va in pensione, no?"

Rimase in silenzio per quasi un minuto, mi voltò le spalle di nuovo, e controllò se il caffè fosse pronto, poi mi disse:

"Non tornerà più, Dimitri, mi hanno appena detto che è venuta a mancare, stanotte."

Non riuscivo a capire il senso del *venuta a mancare*. Un modo di dire che non avevo mai sentito. Leggendo l'espressione confusa sul mio volto, continuò:

"E' morta, Dimitri, se n'è andata mentre dormiva," e mi voltò le spalle con l'intento di premere il pulsante della macchinetta per far uscire il caffè, e forse anche per nascondere la commozione. Approfittai di quel momento e tornai in camera mia senza farmi sentire. Mi sedetti sul letto e iniziai a piangere, ero dispiaciuto sebbene la conoscessi appena.

Non potevo non piangere di fronte a un destino così crudele, che l'aveva fermata proprio mentre pregustava la felicità, attesa per tutta la vita. Il giorno prima mi parlava con entusiasmo di un bambino che ottiene il suo giocattolo preferito: "Dimitri, è arrivato il momento di godermi tutto quello che ho costruito in quarant'anni di sacrifici, la mia bella casa con il suo splendido giardino, finalmente sarò felice e tranquilla. Comunque passerò a salutarti prima di partire, sii forte, continua a lottare, fallo per tua figlia". Quella fu l'ultima volta che la vidi viva, e fu la morte a impedirle di salutarmi prima di partire. Andai a farle l'ultimo saluto in chiesa, mentre partiva per un viaggio di solo andata, il biglietto le era costato caro, aveva pagato con la propria vita un viaggio senza ritorno.

Addio, amica mia - pensai - *spero che il tuo viaggio abbia come destinazione il paradiso, nella casa del Signore, dicono che c'è un bel giardino con un prato sempre verde, come il tuo, spero che la tua anima trovi la pace, perché in vita hai fatto solo del bene e hai pensato sempre prima agli altri che a te stessa.* Mi allontanai dalla sua bara con gli occhi pieni di lacrime, fermandomi davanti all'uscita della chiesa, in quell'attimo mi tornò in mente il suo volto segnato dagli anni e dalle fatiche, che si illuminava e si dipingeva del colore della felicità, quando pronunciava quelle parale: "Finalmente torno a casa." Iniziai a piangere come se avessi perso qualcuno che conoscevo da sempre, anche se quella donna l'avevo vista per pochissimo tempo. Avevamo in comune lo stesso destino, entrambi costretti a fare solo sacrifici, la nostra felicità veniva sempre rimandata. Quel momento, doveva essere per lei l'inizio di una vita felice, tanto atteso, per più di quarant'anni. La morte l'aveva portata via senza un preavviso e senza darle la possibilità di patteggiare e arrivare a un compromesso, durante la notte, magari mentre sognava i giorni felici che l'aspettavano. Piangevo di rabbia, non riuscivo ad accettare un ingiustizia così grande. Perché alcune persone sono destinate soltanto a soffrire e non hanno il diritto di assaggiare il sapore della felicità, mentre ad altri tutto viene concesso in maniera scontata, come per abitudine? Perché la morte ha delle preferenze?

Un altro momento che non dimenticherò facilmente fu l'invito al Quirinale: quella volta fui stato informato con un largo anticipo dell'evento. A incontrare persone importanti ormai mi ero quasi abituato, ma di andare al Quirinale non me lo sarei mai aspettato, fu emozionante persino per i miei padroni. Era una sera d'estate, il sole era appena scivolato dietro il palazzo lasciando una scia di color rosso spento, quando scesi per prendere la macchina più bella e la portai davanti all'ingresso del palazzo. Non l'avevo mai guidata prima d'allora, aveva il cambio automatico, il suo color blu si intonava con la notte che stava per scendere sulla città. I miei padroni si sedettero sui sedili posteriori, e devo dire che quella volta, non mi sentii un autista qualsiasi. Imboccammo le strade più antiche della città, le luci dei lampioni scorrevano sul cofano luccicante della macchina, il traffico non era eccessivo, all'improvviso mi trovai di fronte alla piazza del Quirinale, rallentai e iniziai ad attraversarla, le gomme della macchina lamentavano l'imperfezione dei sanpietrini, la mia gamba appoggiata all'acceleratore, iniziò a tremare leggermente, sentivo il cuore che mi batteva forte. All'ingresso del palazzo c'erano due corazzieri, le loro uniformi imponenti, mi caricavano ancora di più l'emozione, controllarono l'invito cercando il nome su una lunga lista. Tolsi il piede dal pedale del freno, quando ci fecero il segno di passare, e lasciai scivolare la macchina verso la fine del viale, senza nemmeno accelerare, stavo entrando nella residenza del presidente della Repubblica, e ricordandomi che soltanto sei anni prima dormivo dentro ai treni, mi sentii sopraffatto dall'emozione! Che soddisfazione! Caro lettore, sono contento di condividere con te anche momenti più belli della mia vita, e ti assicuro che questo, fu senza dubbio uno di quelli.

Mentre aspettavo che ritornassero i padroni, giù nel garage del Quirinale, avrei voluto condividere con qualcuno la mia soddisfazione ma non ne ebbi l'occasione, gli altri autisti entravano lì abitualmente e mentre aspettavo il momento giusto per dire la mia, mi accorsi che avevamo ben poco in comune. Si parlava dell'aumento delle bollette, ma io non le pagavo quindi non potevo partecipare al discorso, poi del tasso troppo alto delle banche per i mutui, che io non avevo, si parlava della politica, ed era il posto giusto per farlo, ma anche di quello capivo poco. Me ne andai fuori e mi rinchiusi nella macchina ma non soltanto, mi rinchiusi anche in me stesso, pensando che certo, conducevo una vita apparentemente bella, ma che non mi apparteneva, non avevo da affrontare i veri problemi della vita, a questo pensavano i padroni con cui vivevo.

Tornammo a casa nella tarda notte ed eravamo tutti contenti per aver esplorato uno dei luoghi più importanti della città.

Andai a dormire con una grande soddisfazione, quella di aver potuto accedere al Quirinale, però pensai di cercare presto una casa in affitto e andare a vivere insieme a mia moglie e a nostra figlia. Fuori dalla casa in cui vivevo adesso, alle dipendenze di questi signori, mi aspettava una vita non facile, piena di difficoltà, che però non mi intimidiva né metteva paura, perché era quella la mia realtà e la dovevo affrontare.

Durante le vacanze di Natale tornammo in Romania, e ritrovammo la casa dei nonni, di nuovo bianca, coperta di neve. Ormai era passato un anno da quando non vedevamo la nostra principessa, entrammo nella camera e la trovammo a gattonare, percorreva il pavimento come se lo stesse misurando, da un lato all'altro. Quando ci vide si fermò, ci guardò per alcuni secondi, continuando poi la sua attività. Mina lasciò per terra la borsa, andò da lei, la prese in braccio, la riempi di baci piangendo per l'emozione, ma quando si accorse che la bambina non gradiva vederla piangere, si mise subito a ridere, facendole il solletico sulla pancia, così che anche la piccola, scoppiò a ridere. Per lei non faceva alcuna differenza se giocava con noi, con i nonni o con le persone estranee, non sapeva ancora distinguere le persone, non si ricordava affatto di noi, ed era molto socievole. Bastava poco per farla ridere e per avere la sua attenzione, giocare insieme a lei era il miglior modo per conquistarla. Avevamo portato tanti giocattoli ma lei ne scelse uno soltanto, un peluche a forma di orsacchiotto, di colore marrone, grande quanto lei, che, stringendo una delle zampe, iniziava a suonare una canzone e sulle guance, si accendevano delle lucette.. Appena partiva la canzone, Talida, nostra figlia gli si sedeva vicino, alzava le braccia e ballava a modo suo, si era fatta un compagno di ballo. Quel giorno preparammo l'albero di Natale, noi appendevamo i dolcetti e lei li toglieva uno alla volta, e gustava il buon cioccolato al latte, sporcandosi per bene le manine, e tutta intorno alla bocca. Quando accendemmo le luci colorate, che sembravano correre intorno all'albero, lei rimase ferma, immobile, a fissare l'albero, con i suoi grandi occhi che cambiavano colore secondo le luci. Passarono in fretta quei giorni e di nuovo giunse l'ora di un'altra triste separazione. Ce ne sarebbero state altre due, finché non abbiamo deciso di portare nostra figlia in Italia.

Capitolo 7
Vivere per conto nostro

Continuai a lavorare come domestico per altri due anni, poi finalmente riuscii ad andare a vivere insieme a mia moglie, in un appartamento fuori Roma, che dividevamo con altre due coppie.

La camera era arredata in stile spartano, il letto francese era un regalo, il nuovo televisore era finito su un vecchio frigorifero. La scatola di cartone del televisore, faceva da comodino vicino al letto. Il piccolo armadio stonava in confronto alla grandezza della camera, le tende non c'erano ma potevamo farne anche a meno, perché finalmente vivevamo per conto nostro, nella nostra stanza. Un posto dove ritrovarci e stare insieme, anzi iniziare a vivere, apprezzando ogni nostro istante di libertà.

Quando portammo nostra figlia dalla Romania, era ormai grandicella, aveva poco più di tre anni, e sapevamo ben poco di lei, delle sue abitudini, dei suoi modi, così come lei non conosceva nulla dei suoi genitori. In tutta la sua vita aveva vissuto insieme a noi appena cinque mesi, quanto bastava forse per non dimenticarci, tuttavia poco per cimentare un legame di affetto familiare. La studiavo in ogni suo movimento, semplice gesto, osservavo i suoi repentini cambi d'umore, pensando che le mancassero i nonni con i quali era cresciuta felicemente.. Fino allora, per lei, loro erano sia nonni che genitori. Averla vicino ci rendeva felici. Potevamo finalmente abbracciarla, e giocare insieme a lei ma sapevamo entrambi che dentro il suo cuoricino, a volte, c'era tanta nostalgia dei cari nonni. Era evidentemente intimorita dai cambiamenti, soprattutto dalla lingua che non conosceva, i cartoni animati non erano più il suo passatempo, non li capiva, preferiva giocare da sola o con noi.

Un giorno le chiesi quale dei nonni giocava con lei e mi rispose che il nonno le faceva spesso compagnia, visto che era da poco pensionato. A quel punto inizia a imitarlo gonfiando la pancia più che potevo, cambiai il timbro della voce e anche il mio viso cambiò d'espressione, diventò molto più serio.

"Ti va di giocare con me, nipotina?" le chiesi, fingendomi il nonno.

"Ma no papà." rispose ridendo, con l'aria di una maestrina.. "Prima di tutto, il nonno non mi chiamava mai nipotina, mi chiamava principessa e poi non era così serio."

"Ti chiamava principessa? Allora solo per questo motivo il tuo caro nonno verrà sgridato, perché mia figlia ha un bellissimo nome, più unico che raro e lui ha infranto le regole dei genitori, ti ha assegnato una falsa identità e per questo motivo dovrà essere punito," esclamai con il tono di un giudice. "Come punizione dovrà raccogliere tutti i tuoi giocattoli, pulirli e conservarli in un posto sicuro finché non andremo a trovarlo durante le ferie estive."

"Siiii, questo mi piace papà! Ma quanto manca per le ferie estive e poi ti posso chiedere una cortesia?" disse con un sorrisone.

"Ma certo nipotina, dimmi pure," continuò il finto nonno, evitando di rispondere alla prima domanda.

"Papino, potresti non imitare più il nonno o il giudice? Mi piaci di più quando sei te stesso, sei molto simpatico," continuò, facendomi capire che non ero tagliato per fare l'attore. Non me la presi nemmeno un po', perché non era quello ciò che mi interessava, io volevo fare il papà, rendere felice la mia bambina che mi aveva appena chiamato papino. Per lei magari non aveva molta importanza ma per me sì. Le domandai cosa avrebbe voluto fare da grande e mi rispose che desiderava avere un negozio tutto suo. Allora le proposi di inventarcene uno, proprio in quel momento. Era entusiasta, e io presi alcune scatole di pomodoro, dalla credenza e le appoggiai su un tavolino. "Ok ,ci siamo, sei pronta?"
"Siii, prontissima!"
Toc toc, bussai alla porta dove era entrata ad aspettare i clienti..
E' aperto il negozio?" chiese il cliente di passaggio.
"Sì, sì, entri pure." esclamò la cassiera.
"Buongiorno signorina, ma lei è proprio bella, sa?" continuò il cliente.
"Grazie, sono una principessa." disse la cassiera, con molta modestia.
"Quindi il negozio è suo?"
"Sì, certo," aggiunse la cassiera, anzi la proprietaria.
"Quanto costa la scatola di pomodoro?" chiese il cliente mentre ispezionava il prodotto.
"Duecento euro, Signore."
"Beh, è un po' cara ma la comprerò lo stesso!" continuò il cliente mentre poggiava la scatola sul banco e tirava fuori i finti soldi per acquistarla.

Insomma passammo una bella giornata insieme, e tra un gioco e l'altro, iniziò una bella complicità tra noi. La sera, all'ora di cena, mia moglie cucinò come primo piatto la pasta, spaghetti al pomodoro per essere precisi, visto che avevo appena comprato una scatola di pomodoro che mi era costata duecento euro. Talida non voleva nemmeno assaggiarli, si rifiutava categoricamente, e così le dissi che mangiare gli spaghetti era una delle cose più divertenti. Si girò verso di me con il muso lungo e le sopracciglia alzate, ma io proseguii:
"Allora, quando io giro la chiave (che era il lobo dell'orecchio) tu inizi ad aspirare lo spaghetto fino alla fine."
L'espressione seria del suo viso cercava di nascondere il sorriso che le saliva dal cuore, l'idea le piaceva ma non voleva ammetterlo, per dispetto.
"Guarda come si mangia!" Aspirai così forte lo spaghetto che sparì all'istante, facendo soltanto due mosse rapide, toccando entrambe le guance e lasciando due tracce di pomodoro sul viso. A quel punto, il sorriso vinse la sua battaglia e uscì sfolgorante sul suo viso, così iniziò a mangiare, anche se lo faceva più per divertimento che per la fame, ma a noi, andava bene lo stesso. La sera mentre lei e mia moglie si preparavano per andare a letto io uscivo per andare al lavoro, dovendo accudire mia figlia durante il giorno avevo cercato e trovato un lavoro notturno. Per avere una famiglia normale avevo rinunciato a una vita normale.
L'ultimo pullman partiva alle otto e un quarto per arrivare a Roma alle nove, due ore prima che

iniziasse il lavoro. Durante l'estate quelle due ore passavano in fretta, bastava fare qualche giro nel centro della città, a volte mi fermavo a guardare gli artisti di strada, i ritrattisti di piazza di Spagna mentre ritraevano qualche turista, e rimanevo incantato per la loro bravura. Vedere uscire dal foglio bianco, in una manciata di minuti, il ritratto della persona che si sedeva loro di fronte era veramente spettacolare. Ammiravo enormemente la loro dote artistica, il dono con il quale erano nati, mi sarebbe piaciuto avere anch'io questo stesso talento. Mi ripromisi di provare un giorno riprodurre un volto, ma senza dire niente a nessuno, perché sicuramente mi avrebbero preso per pazzo.

Un anno dopo l'arrivo della bambina, lasciammo la casa dove stavamo insieme ad altre due coppie e andammo a vivere in appartamentino per conto nostro, solo noi tre. Eravamo entusiasti, l'appartamento era nuovo, piccolo ma molto carino, e non dovevamo più condividere bagno e cucina con altre persone, discutere sulla pulizia dei locali comuni o essere svegliati dai loro rumori. Fu un duro inizio, oltre alla camera da letto, al frigorifero e alla lavatrice non avevamo nulla, così come di soldi da parte ce ne erano ben pochi, ma la cosa più importante era stare insieme, affrontare le difficoltà e cercare di essere felici nel ritrovarsi la sera tutti insieme, a raccontarci i fatti della giornata (o della notte nel mio caso!) godendoci la presenza di nostra figlia, che ci riempiva la vita di gioia in qualsiasi momento, qualsiasi cosa facesse. Era proprio bella, dolce, sempre sorridente, energica, non stava mai

ferma, si creava un suo mondo con le bambole, pelouche e gli altri giocattoli, non era disturbata dalla povertà che continuava a farci compagnia. . A volte, quando mi vedeva preoccupato a causa dei problemi economici, mi chiedeva:
"Papà perché sei triste?"
Mi limitavo a dirle che era solo un brutto momento senza entrare nei dettagli, e mentre mi abbracciava sussurrava:
"Papà non pensare più a queste cose brutte, ma a qualcosa di bello."
Cercava spesso di portarmi nel suo mondo spensierato invitandomi a giocare con lei.
Era un giorno d'estate quando andai a prenderla a scuola, e mentre la aspettavo seduto su una panchina, mi trovai una rivista fra le mani, la sfogliai per guardare le immagini della pubblicità soffermandomi sul viso di una donna. Non so cosa scattò in quel momento dentro di me, ma ne rimasi molto colpito e fui colto da un grande desiderio di riprodurla. Mancava ancora un ora all'uscita da scuola di mia figlia, e così chiesi al portiere un foglio di carta e una matita, dopodiché tornai a sedermi all'ombra. Iniziai a concentrarmi su una cosa che non avevo mai fatto, piano piano non sentivo più quello che succedeva intorno a me – vedevo soltanto il volto da ritrarre e il foglio bianco. Quel viso mi attirava, il foglio di carta bianco invece, mi inculcava timore, non sapevo da dove iniziare, come riprodurlo, tanto che nemmeno oggi, a distanza di tempo, rammento come feci a tracciare quelle linee curve, a dare un po' di elasticità alla

mano che tremava già di suo. Iniziai dai capelli, erano delle linee parallele, leggermente curve, ma niente più. Non avevo ancora finito il viso, quando fui interrotto da mia figlia che correndomi incontro con le braccia aperte gridava:
 "Ciao papà, che bello andare a casa, andiamo, andiamo!"
Chiusi la rivista prima che lei si accorgesse del disegno e non le dissi nulla. Arrivati a casa, aspettai di restare solo, per riaprirla e mettere a confronto il disegno con l'originale. Non era granché ma pur sempre un inizio. Quel giorno avevo scoperto la mia inclinazione al disegno, e soprattutto la gioia che mi dava scorgere le tracce lasciate dalla matita sulla carta.
Insieme all'estate finì anche le possibilità di passeggiare la sera e divenne sempre più difficile far passare le due ore prima di iniziare il lavoro. Il freddo dell'inverno mi costrinse a cercare una nuova strategia che fu quella di passare il tempo sugli autobus al caldo e all'asciutto, sceglievo le vetture meno vecchie e con i percorsi più lunghi, andare da un capolinea all'altro e tornare indietro. In una di quelle sere, mentre aspettavo che il tempo passasse, mi venne in mente di sfruttare al meglio quelle ore trovandomi un altro lavoretto serale. Il giorno seguente ne parlai con mia moglie:
"E se cercassi un altro lavoro la sera, giusto qualche ora, invece di passare il tempo a non far nulla sugli autobus?"
"Ma no, non c'è bisogno, hai già un lavoro," mi rispose.

"Invece sì, credo ce ne sia proprio bisogno, non riusciamo a mettere da parte nemmeno un euro, nonostante tutti i sacrifici che facciamo, non comprando mai nulla, oltre che alle cose strettamente necessarie."
"Dove pensi di trovare un lavoro solo per qualche ora la sera?"
"Ancora non lo so ma prima o poi lo troverò." Il discorso quella sera finì lì, ma l'idea rimase viva e pulsante nella mia testa e non vedevo l'ora di trovare una soluzione per concretizzarla.

Qualche tempo dopo ci fu un avvenimento imprevisto. Mia moglie vide sul giornale un annuncio, in cui cercavano una bambina con caratteristiche molto simili alla nostra, per il nuovo film di Benigni. Ne parlammo a casa e decidemmo di andare a fare il provino, era durante le vacanze estive, e Talida si mostrò entusiasta dell'idea, per cui il mattino dopo mia moglie la accompagnò a Roma e uscendo dal lavoro, andai a prenderle alla stazione centrale. Sorrideva con gli occhi, mia figlia, quando correva verso di me, era impossibile non amarla mentre si avvicinava con le braccine aperte esclamando:
 "Papiiii!" stringendomi forte nel suo abbraccio per poi baciarmi. Salutammo la mamma e ci dirigemmo verso il teatro dove si tenevano i provini. Nonostante fossimo arrivati con due ore di anticipo, c'erano già tante bambine insieme ai loro genitori. "Papà ma non sono solo io," mi disse, ansiosa per la competizione.

"No amore, non sei l'unica, ma sei tu a rispondere di più alla caratteristiche richieste, quindi stai tranquilla," la rassicurai, per metterla a suo agio.

"Sicuro papà?"

"Certo amore," continuai, consapevole che poteva andare tutto al contrario.

"Va bene papà, se lo dici tu," si convinse stringendosi a me.

Guardava una a una le ragazzine davanti a noi, e poi appoggiando la testa sul mio fianco, abbassò lo sguardo. Avrei voluto tanto sapere a cosa pensasse e soprattutto quale tempesta si agitava nel suo cuoricino, sentivo aumentarne sempre di più i battiti. Entrammo nel teatro e dopo quasi un'ora di attesa, la chiamarono sul palco, la fecero accomodare su una sedia davanti a una telecamera e iniziarono a farle delle domande. Rispose correttamente soltanto alle prime due: nome e cognome e poi iniziò a fantasticare, disse che aveva un cane, ma quando le chiesero come si chiamasse la sua fantasia si bloccò, iniziò a cercarmi con lo sguardo per chiedermi aiuto, ma il suo provino finì in quel momento.

Uscimmo dal teatro, e dopo un attimo di silenzio le chiesi perché aveva inventato la storia del cane, e mi disse:

"Mi sarebbe piaciuto avere un cane, ma non ho mai pensato a che nome dargli, quindi non sapevo cosa rispondere."

Non chiesi più nulla, pensavo invece di prenderle un cane, ma riflettendo mi resi conto che tenerlo in casa era impossibile, soprattutto in quel appartamentino dove stavamo già costipati in tre e non c'era nemmeno un balcone o un terrazzo. Camminammo per un po', dopo di che, con un filo di voce mi disse: "Non mi chiameranno, vero? Non sceglieranno me per il film? Eppure tu dicevi che stavano cercando una bambina come me. Mi prendi in braccio?" Era stanca e delusa, teneva la testa abbassata e le braccia alzate solo a metà.

"Vieni piccola," le dissi prendendola in braccio, avvolse le sue braccine intorno al mio collo e appoggiandomi la testa sulla spalla, mormorò dispiaciuta:

"Papà, non diventerò mai un'attrice."

"Ma sì che lo diventerai, se davvero lo vuoi, amore, sei ancora piccolina e poi, anche se non otterrai questo ruolo nel film, tu sei già protagonista della nostra vita, la rendi bella ogni giorno," le risposi, cercando di consolarla.

"Va bene papà."

Si addormentò quasi subito, lo faceva spesso nei momenti di tristezza o ansia, così al risveglio sarebbe tutto passato. Iniziai ad avvertire un po' di stanchezza ma tenerla in braccio, sentire il suo respiro sul collo, e percepire il calore del suo corpicino mi dava una forza indescrivibile, ero il papà più felice del mondo, ogni singolo passo che facevo, veniva alimentato dal calore del suo corto respiro sul mio collo, era un istante del passato che riuscivo a recuperare, l'avrei portata in braccio fin dove finiva la terra, per recuperare tutti gli istanti passati lontano da lei.

Capitolo 8
Il secondo lavoro

Era l'ultimo tentativo, dopo una lunga e faticosa ricerca, quella mattina decisi di rimanere a Roma , dopo aver finito il lavoro di notte. Mi trovavo davanti a un albergo, poco distante da quello in cui lavoravo già, e non ero convinto del tutto a entrarci, perché sapeva di vecchio, e poi con me, avevo l'ultimo curriculum rimasto, e avrei voluto lasciarlo in un albergo più decente. Dopo aver percorso il lungo e ombroso vialetto, alla fine entrai e trovai il portiere impegnato in una telefonata che durò a lungo; mentre aspettavo che finisse diedi un'occhiata ai quadri che erano appesi sule pareti della reception e poi, quando finalmente si liberò, gli dissi che cercavo lavoro come receptionist e gli consegnati il curriculum. Gli diede un'occhiata, appoggiando gli occhiali sul naso e accentuando le rughe mentre metteva a fuoco la vista, poi, alzandosi dalla sedia mi rispose:
"Qui non abbiamo bisogno di personale, però vai in questo albergo, chiedi del direttore e di gli che ti mando io," mi spiegò mentre scriveva su un foglio di carta l'indirizzo dell'hotel, il nome del direttore, e infine il suo nome, tutto in stampatello. Ripresi il curriculum, perché non ne avevo un altro e andai nella stessa mattina. Era una delle vie più antiche di Roma, con dei sanpietrini già consumati, o addirittura mancanti qua e la, nel quartiere si respirava ancora l'aria di una volta e gli abitanti sembravano mantenere le stesse abitudini dei loro

antenati. Più di una volta passai davanti all'hotel senza vederlo, perché l'ingresso era nascosto da una manciata di tavoli con degli ombrelloni del bar accanto. Nella hall, quando entrai, dietro un banco di vetro, c'era una ragazza, che si presentò come figlia del direttore, prese il curriculum e mi disse la solita frase: "Grazie, le faremo sapere". Svanì anche quella speranza! Ma non per molto. Non ci crederai, caro lettore, ma mi chiamarono nello stesso giorno, e iniziai a lavorare quello successivo. Cosa dire? Chi persevera vince.

Una mattina d'estate, dopo aver finito i due lavori salii in macchina e iniziai il viaggio verso casa, era il momento più bello della giornata, ascoltavo lo stesso cd da qualche settimana, ormai consunto, era però il mio preferito, e le canzoni si sentivano ancora bene. L'appuntamento con il sole era sempre nello stesso posto, mi aspettava dietro la curva, mostrandosi allegro, affacciandosi un po' alla volta da dietro una distesa di alberi. All'inizio della salita, per qualche secondo, restava appoggiato sul cruscotto della macchina e poi si allontanava nonostante io mi avvicinassi a lui, e alla fine della discesa, si nascondeva dietro il palazzo in cui abitavo e mi aspettava la mia principessina per accompagnarla a scuola. Dentro casa sentivo ancora il gradevole profumo che usava mia moglie, che era uscita poco prima, la vedevo soltanto durante fine settimana e nei giorni di riposo.

Nel mese di dicembre, la figlia del direttore mi presentò i suoi zii che alloggiavano nell'hotel per qualche giorno. Lui era un artista. Era la prima volta che mi capitava di parlare con un pittore. Avevo avuto una conversazione in precedenza via mail con un grandissimo ritrattista, Luca Tedde, il quale mi aveva spinto a disegnare ancora. L'indomani gli portai i miei disegni, ero riuscito a farne soltanto quattro in due anni . Quando lui prese i miei scarabocchi e li guardò uno ad uno, tremavo per l'emozione, e poi, fu proprio la moglie a darmi una grande speranza:

"Guarda!" – esclamò chiamando il marito per nome – "Sono uguali ai tuoi disegni, quelli che facevi all'inizio."

Un fulmine gelato attraversò il mio corpo.

"Come ti chiami?" chiese il pittore.

"Si chiama Dimitri"- mi anticipò la moglie – "non ti ricordi?"

"Ecco perché non mi ricordavo, perché il tuo nome non mi piace, io ti chiamerò Pasquale, va bene?" mormorò l'artista.

"Va bene" gli risposi, ridendo un po' per il suo accento napoletano.

"Continua a disegnare, disegna! Disegna, e osserva! Osserva, osserva tutto con attenzione, luci, ombre, cerca di vedere persino quello che non si vede!"

Fu questo che mi disse, il pittore.

La sera dello stesso giorno, andai a lavorare in altro albergo, per il turno di notte.   Era una sera come le altre, gente che usciva, gente che entrava, e poi sentii delle lamentele di una persona che faticava nel salire i tre gradini che portavano alla reception.

“C'è Dimitri in portineria?” chiese al figlio il professore. (un cliente speciale che conoscevo da diversi anni)

“Non lo so papà, non riesco a vedere, fatti aiutare a superare l'ultimo gradino.”

“Non ho bisogno d'aiuto, c'è la faccio da solo!” disse seccamente il professore, che non voleva mostrarsi a me privo di forze, e odiava la vecchiaia appunto per questo. La testa del figlio si affacciò con espressione incuriosita, confermando poi al padre la mia presenza alla reception, quindi mi salutò con la mano . Emise anche una smorfia, rapida, per non farsi beccare dal padre, lamentando la sua testardaggine. Il professore fece il suo ingresso trionfale, sorridente come sempre, ignorando la vecchiaia. Mi abbracciò affettuosamente, parlammo per quasi mezz'ora, del più e del meno; quel giorno avevo portato con me i miei scarabocchi e glieli mostrai con finta indifferenza, spiegando che si trattava solo di un passatempo e niente di più. Lui guardo attentamente ogni disegno e poi mi disse:

“Dimitri, qui c'è una vena artistica non indifferente, continua a disegnare.”

“E' troppo gentile professore,” lo ringrazia, e poi ci salutammo.

Era mezzanotte passata, quando mi trovai di fronte il figlio del professore, con una lettera in mano. “Tieni Dimitri” - mi disse – “papà ha scritto questa lettera per te, riguardando i tuoi ritratti. Si scusa di non avertela consegnata di persona, ma non se la sente di scendere. E' molto affaticato, abbiamo camminato

tanto, le sue vecchie gambe ne risentono."
Ringraziai commosso, e lessi quanto segue:

"Caro Demetrio.
Dopo aver visto i tuoi ritratti, mi vengono spontanee delle considerazioni che voglio esprimerti: nei volti che tu ritrai c'è qualcosa di astratto e di imponderabile che va al di là delle linee in se stesse. I tuoi ritratti parlano l'arcano linguaggio dell'artista che li ha creati e perciò non possono essere riprodotti da nessun'altra vocazione artistica perché tale linguaggio appartiene solo a te stesso. La tua arte esprime i tuoi sentimenti, rendendo concreto quel che è astratto. Infatti, nella fisionomia dei tuoi ritratti, si evidenzia il tuo animo, il tuo cuore, il tuo pensiero; il pessimismo che prelude alla speranza; la malinconia che prelude alla gioia; il buio della notte che annuncia l'aurora; invece di maledire l'oscurità, tu accendi una candela. La tua vocazione artistica rivela lo stile dei grandi impressionisti che resero famosa la pittura dell' 800. Puoi ancora migliorare, e lo farai perché hai tutte le premesse."
In fondo, la sua firma e la data 20 dicembre del 2009.
Non so che effetto faccia su di te, caro lettore, leggere questa lettera, ma a me, nonostante siano passati quasi sei anni, ancora trasmette l'emozione di allora.
La rilessi. Ecco, di nuovo i brividi. Era bellissima, non credevo di meritare tutti quei complimenti, le sue osservazioni mi dipingevano di un colore che mi era nuovo, eppure il professore era convinto che mi

appartenesse da sempre. Come aveva fatto a vedere tutto questo nei miei ritratti? E come era possibile che io fossi riuscito a raccontare così tante cose di me, senza nemmeno accorgermene, che linguaggio avevo usato? L'arcano, sì, il professore diceva che i mie ritratti mostravano l'arcano. Ecco perché. Io non capivo l'arcano. E se lui si fosse sbagliato? E se nemmeno lui avesse capito? Se così fosse stato, la lettera non avrebbe più avuto nessun valore, sarebbe stata solo un gesto gentile.

L'artista che il professore aveva descritto nella missiva sarebbe stato capace di riprodurre persino la Mona Lisa di Leonardo da Vinci. E così decisi che quella doveva essere la mia prova. Feci una stampa a colori della Gioconda più o meno della grandezza del foglio su cui l'avrei disegnata, e dissi a mia moglie:

"Vorrei disegnare la Monna Lisa."

"Ma no! E' troppo presto! Aspetta un altro po'," rispose lei. Poi chiesi a mia figlia:

"Secondo te riuscirò a riprodurre la Gioconda?"

"Vuoi sapere la verità, papà?" mi rispose lei sorridendo.

"Ma certo amore."

"La farai sì, ma a modo tuo."

Ancora bisognoso di rassicurazione, lo chiesi a Pino, il collega che lavorava nell'albergo accanto a quello dove lavoravo io, ci conoscevamo da più di dieci anni, e mi sembrò perplesso:

"Beh, Dimitri, questi sono disegni di alto livello, secondo me ti azzardi un po' troppo."

Chiesi infine ad un altro collega, che lavorava insieme a me, aveva una certa età e una buona cultura artistica.

"Antonio, che ne pensi della mia decisione?"

"No, Dimitri, meglio di no, rimarrai deluso."

Stranamente la loro sfiducia, invece di scoraggiarmi, mi diede forza. Per la prima volta guardai il foglio bianco con il timore di non farcela, notai che stringevo la matita più forte del solito e la mano mi tremava leggermente. Iniziai a riprodurre gli occhi, toccavo la carta appena appena con la matita, accarezzavo soltanto il foglio e ogni tanto mi allontanavo per qualche secondo per notar meglio gli errori. Avevo finito solo i contorni degli occhi e delle sopracciglia, e il foglio, non mi trasmetteva ancora nulla, era privo di significato. Mi fermai lì, non andai oltre, per quel giorno decisi che poteva bastare.

Smisi di disegnare ma non di pensare al disegno, non riuscivo a cacciar via dalla mia mente l'immagine di quello schizzo appena accennato. Ogni tanto mi tornava l'idea di ricominciare, di riprenderlo da dove lo avevo interrotto, mi avvicinavo alla cartella dove l'avevo messo, ma prima di aprirla mi fermavo. "No!" Non dovevo e non potevo sbagliare, la prova era durissima, la matita poteva aspettare. A casa non parlai con nessuno del mio scarabocchio, era insignificante, dovevo tenerlo segreto finché non l'avessi finito o quasi. La sera dopo continuai a disegnare, andai avanti con i contorni del naso e della bocca. Mi fermai di nuovo, guardai il foglio e notai soltanto

delle linee curve, contorni non definiti, niente di più, ma non persi la fiducia, sebbene mi sembrava che mancasse il tocco magico, volume e sfumatura. Anche per quel giorno mi arresi, abituandomi a convivere con l'ansia, faceva parte del lavoro dell'artista. Il giorno successivo, andai a documentarmi sulle opere e la vita di Leonardo da Vinci, e rimasi impressionato. Un uomo che non riusciva mai a saziare la sua curiosità, un grande inventore, architetto e pittore. Pensai addirittura di dedicargli un quadro, dopo aver superato la prova della Gioconda, un dipinto che raccontasse una parte della sua vita. Ero contento di aver scelto una sua opera, l'emozione di riprodurre la Gioconda aumentava, ma allo stesso tempo cresceva anche la paura, come se avessi potuto deludere persino lui, Leonardo. Non dovevo assolutamente sbagliare.
Quella sera quando ripresi a disegnare provai una sicurezza e una tranquillità indescrivibili. Sentivo che sarebbe successo qualcosa di speciale. Iniziai a dare volume al disegno, e usando il chiaro scuro, sembrò venir fuori un'anima dal profondo del foglio. Dopo aver finito di dar volume alla fronte, accentuando le sopracciglia, gli occhi, il naso e la bocca, mi allontanai dal foglio. Restai lontano dal disegno molto più tempo del solito, cercai di pensare ad altro, così l'impatto sarebbe stato ancor più forte, più emozionante. Passò più di mezz'ora, la voglia di vederlo, il disegno intendo, non mi dava tregua, e così feci un bel respiro e mi avvicinai al foglio, il cuore aumentò i suoi battiti, un brivido mi pervase le vene. Era lei. Mi fissava con il suo sguardo

sorridente, più contenta di quanto lo ero io, ci facevamo complimenti a vicenda: io a lei per lo sguardo meraviglioso, lei a me per averla tirata fuori da un foglio bianco, usando solo due vecchie matite e un pennello mezzo rotto. Impazzivo dalla gioia, sentivo di essere più di ciò che ero, mi sentivo in grado di diventare l'artista che il professore aveva descritto nella sua lettera, l'artista che non conoscevo fino ad allora. Non ho voluto riprodurre il paesaggio sullo sfondo, a me interessava solo lei, la donna dal sorriso misterioso.

Andavo orgoglioso della mia riproduzione, la mostravo come il mio capolavoro, fino a quando un giorno in albergo non incontrai una signora che organizza mostre, (era la prima volta che soggiornava da noi, ma per un lungo periodo, e così, presi coraggio) e gliela mostrai pieno di orgoglio.
 "Cosa ne pensa della mia riproduzione?"
"È bella quella di Leonardo Da Vinci." rispose lei, guardando con disprezzo il mio capolavoro. Rimasi senza parole, mi sentii crollare la terra sotto i piedi, tutti i miei sogni svanirono all'istante, ma lei riprese, per giustificare il suo giudizio. "Scusa se te lo chiedo, ma tu cosa vuoi diventare, un copione o un artista?"
 "Cosa voglio diventare? Sono già meravigliato per quello che sono riuscito a fare, senza aver mai studiato o disegnato prima." Stavo cercando di nascondere il turbamento che quella domanda scatenava dentro di me.
"Peccato limitarti a copiare, credo che saresti capace di fare dei disegni o quadri tuoi, creati dalla tua vena artistica. Solo in questo modo potrai veramente essere e sentirti tale" concluse la signora che aveva appena infranto i miei sogni per darmene però altri, ancora più ambiziosi. Quel giorno infatti iniziai a usare la mia capacità per creare qualcosa di personale, stavo riproducendo un ritratto, guardai l'originale e poi il mio disegno non ancora finito, e mi parve che così fosse molto più bello, trasmetteva ancor più emozione ed era completo nella sua

incompletezza, era diventato un nuovo capolavoro, il mio capolavoro.

Capitolo 9
Alla scoperta di me stesso

Non riuscivo più a dormire, le idee lasciate in sospeso non mi davano pace, più cercavo di ignorarle più si rendevano concrete, a tal punto da farmi alzare e appuntarle. Solo allora riuscivo ad addormentarmi. Dormivo pochissimo, solo quattro ore la mattina dopo aver terminato il turno di notte.

L'impulso creativo non ha regole, non sa aspettare, non aspetta, è una forza incontrollata che sconvolge l'artista. Non so se io possa definirmi un artista, ma da un punto di vista personale quel che ho vissuto e che sto vivendo mi sta cambiando la vita, credo di essere penetrato, almeno per una dozzina di volte, in un'altra dimensione dove i pensieri si toccano, trovano ordine, si aggiustano e insieme compongono un opera d'arte. E' una bellissima esperienza, unica, che porta delle soddisfazioni altrettanto uniche che vanno al disopra di tutte le altre messe insieme, e questo indipendentemente dall'esito del mio lavoro.

Mi chiedo in continuazione: come mai non ho scoperto prima questo mio lato recondito? Forse ho impiegato troppo tempo per capire come sono fatti gli altri, trascurando me stesso, oppure ho sopravalutato gli altri e sottovalutato me stesso. E' veramente strano, essere stato, per quasi quarant'anni, quello che ho sempre sognato, senza essermi reso conto, perché avevo delle doti che nemmeno immaginavo, eppure per quasi quarant'anni ho rimpianto il fatto di non averle. Scrivere un libro mi ha stimolato meno della pittura,

perché scrivevo una storia già vissuta, con delle parole già usate, mentre quando dipingo, ogni quadro mi dà un'emozione diversa, usando ogni volta una nuova tecnica, in ogni quadro scopro un lato nuovo di me stesso. Solo quando avrò scoperto tutte le mie potenzialità creative sarò in grado di raccontarmi anche nei quadri. Una scena soltanto per ogni quadro. Per quanto l'artista sia bravo e per quanto il quadro sia grande, non si riesce mai a raccontare una vita intera in un solo dipinto, è qui che un testo scritto supera il quadro, la descrizione, il dipinto. Il libro si consuma subito, finito di leggere diventa un oggetto da collezione, il quadro invece trasmette la sua emozione ogni volta che viene guardato. Lo scrittore si racconta nei minimi dettagli, spogliandosi di tutti i segreti, a differenza del pittore che invece si mostra per mezzo del tema espresso nel quadro, usando un linguaggio muto e universale che non ha frontiere, può essere interpretato da chiunque in modi diversi.
Nel risultato finale vince sempre la pittura: ogni singolo quadro, anche se copiato, è un lavoro originale a differenza del libro che sono tutte copie.
Anche sul destino è sempre il quadro ad avere un posto d'onore, ne basta uno solo infatti, per riempire il vuoto di una parete a differenza del libro che ricopre un limitato spazio su uno scaffale.
Non passavo nemmeno un giorno senza disegnare, con la matita avevo preso confidenza , non la stringevo più goffamente come all'inizio, e i movimenti della mano diventavano sempre più

sicuri. Per un po' di tempo mi divertivo a disegnare
dei visi incompleti come questi:

In quel periodo pensai di disegnare un volto, un volto completo, e chi poteva essere se non la Madonna? Credere di poter creare questo ritratto è stata probabilmente una pura pazzia… dar vita a chi ha dato la vita a Gesù, anche se il mio era solo un ritratto, sembrava un'impresa superiore alle mie forze, e mentre lo stavo disegnando, accaddero due cose strane.

La prima fu la durata, impiegai soltanto trenta minuti per finire il ritratto, era insolito per la mia preparazione ed esperienza, la mia mano fu come guidata con un ritmo molto più veloce del solito. Questo fatto mi rese felice, il cuore mi esplodeva dalla gioia. La seconda stranezza fu che lei non mi parlò al compimento del ritratto, come era solito capitarmi, con lei non riuscii a dialogare. Guardando i suoi occhi, intravedevo qualcosa di misterioso che andava ben oltre il foglio di carta, ma nonostante ciò non mi parlava. Pensai a tante cose: al fatto del seno, che era scoperto ma la preghiera stessa "Ave Maria" dice: "Tu sei benedetta fra le donne e benedetto è il frutto del tuo seno, Gesù". Perché vergognarsi, se il frutto di quel seno è proprio Gesù? Poi notai lo sguardo, era rivolto in basso e triste, mi pareva che si vergognasse, forse la Vergine Maria riteneva che il ritratto fosse scandaloso. Giuro, l'idea non è stata mia, avevo preso spunto da un ritratto che esisteva già, ma questo non bastò come scusa, il dipinto non mi parlò lo stesso. Avrei voluto tanto che mi dicesse qualcosa, qualsiasi cosa, anche insultarmi, tipo: *vergognati, come artista fai pena, il seno poi, manco ti è venuto bene*. Caro lettore non ci

crederai ma da più di tre anni, da quando l'ho
terminato, lo porto sempre con me nella borsa, non
si sa mai cambiasse idea e volesse parlarmi.

Fu proprio durante quel periodo di crescita artistica che convivevo con la paura più grande, quella di perdere tutto da un giorno all'altro, così come avevo acquisito quella dimestichezza. Accadde tutto così in fretta, che poteva essere un sogno, un bellissimo sogno, dal quale non avrei voluto più svegliarmi, ci avevo preso gusto ormai, mi piaceva l'idea di essere quello che ero diventato, e sebbene non fossi nemmeno in grado di dare il giusto valore a quello che facevo, mi piaceva lo stesso. La mattina, anzi tutte le mattine prendevo una matita e disegnavo solo per un po', fino a quando capivo che ero ancora capace a farlo, e poi continuavo la mia giornata.

La nuova prova doveva essere un nudo, che secondo me è una delle più difficili per un artista: dar volume alle forme, dar purezza alla nudità, trasmettere la sensualità che una donna possiede, senza farsi coinvolgere emotivamente ma solo professionalmente. Usare la propria passione solo per la realizzazione del quadro, sfiorare con dolcezza quel corpo sulla tela o su carta, con il pennello o la matita, guardare con il massimo interesse il soggetto, senza metterlo in imbarazzo, evitando di farlo sentire un oggetto, bensì una fonte d'ispirazione, mostrandogli solo il bello del suo corpo, che da nudo si trasforma in poesia.

Ero lontanissimo dalla perfezione ma sempre più vicino alla scoperta di me stesso. Impiegai quasi un mese per disegnare questa scena, fu la prima, la più complessa. Volevo riprodurre una scena con un racconto più lungo, con più personaggi, in questo caso legati tra di loro da una sola passione, quella della fede.

Avevo tanta voglia di scoprire o meglio di perfezionare il lato artistico, quindi feci un abbonamento per ricevere dei fascicoli con lezioni di disegno e pittura, ricevetti tutti i fascicoli del primo corso, anche se non ne ho guardato nemmeno uno, attratto soltanto dalla scatola con gli attrezzi per dipingere, dal cavalletto e dalla tela.
Ero ansioso di vivere quella nuova esperienza. Quella di dipingere, sentire il rumore del pennello sulla tela mentre stendeva il colore, percepire il profumo dei colori, veder trasformare la tela bianca in un paesaggio o in un ritratto, ottenere un nuovo colore mischiando più colori insieme sulla tavolozza, fare quei movimenti armoniosi del braccio, che non partono dal cervello ma dal cuore, accarezzando dolcemente la tela come se fosse un velo di seta, insomma ritrovarmi pittore. La mano non era abbastanza abile per esprimere i pensieri e dar forma alle immagini della mente. Avrei voluto dipingere persino il vento, dare un volto all'amore o addirittura ritrarre la passione. Scelsi un ritratto difficile, non speravo di ottenere un risultato sorprendente ma volevo farlo lo stesso. Non avevo paura quella volta, anche se non sapevo come passare il pennello sulla tela, diluire i colori o da dove iniziare, percepivo solo che ero pronto, anzi non vedevo l'ora.

Il secondo quadro dovrei intitolarlo "Omaggio a Leonardo" ! Mentre riproducevo la Gioconda ho vissuto delle emozioni uniche, di un intensità indescrivibile, raggiungendo il livello massimo d'euforia. Sentivo il dovere di dedicare un quadro a Leonardo, a lui e alle sue opere, e mi venne in mente questa immagine, con l'intento di mettere in evidenza due sue grandi passioni, due fra le tante. Ho scelto gli occhi perché attraverso di essi passano tutte le emozioni. Dicono che sono lo specchio dell'anima, in questo caso sono il riflesso delle sue passioni, la scienza e l'arte.

Capitolo 10
…Fine di un viaggio

Sono passati vent'anni da quel primo viaggio in pullman che portava un ragazzo di diciotto anni verso un futuro ignoto, ma pieno di speranza. Fatiche, disillisioni, difficoltà, ma anche occasioni di crescere, amicizie, la scoperta di amare l'arte e di essere anch'io un pochino, un artista; e soprattutto loro, mia famiglia. Per loro vale la pena di continuare il viaggio, anche se oramai so che niente mi viene regalato, e che dovrò continuare a lottare. E l'ultima parola è ancora una volta un quadro. A questo punto del mio cammino, non potevo non rittrare lei, la Vita, il nostro cammino, dall'inizio fino alla fine, con tutte le sue contradizioni. Il rosso rappresenta l'inferno, il blu rappresenta il paradiso e il vortice è per me il destino dell'uomo, quello di correre dietro le occasioni, le opportunità, di lottare per raggiungere gli obiettivi, dimenticando a volte lungo la strada il vero senso della vita; uscendo fuori poi, stanchi ormai, avviandosi con fatica verso la fine, portando con noi soltanto i peccati e i rimpianti. La vita scorre come un'onda nell'oceano, avolte bassa, a volte alta, giunta a riva appoggia sulla sabbia i suoi averi e si ritira in silenzio nella sua immensità.

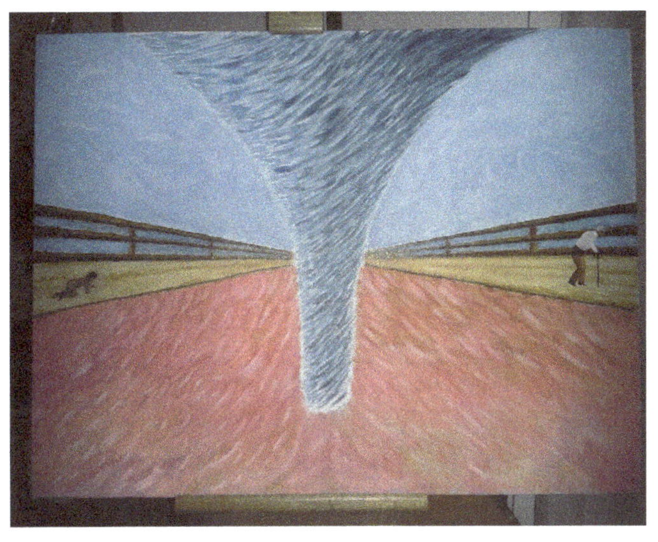

La mia vita sembra un libro, questo libro invece è la mia vita